Discovery
EDUCATION

맛있는 과학

디스커버리 에듀케이션
맛있는 과학-49 불가사의

1판 1쇄 발행 | 2012. 8. 3.
1판 3쇄 발행 | 2017. 9. 22.

발행처 김영사
발행인 고세규
등록번호 제 406-2003-036호
등록일자 1979. 5. 17.
주 소 경기도 파주시 문발로 197(우10881)
전 화 마케팅부 031-955-3102 편집부 031-955-3113~20
팩 스 031-955-3111

값은 표지에 있습니다.
ISBN 978-89-349-5853-6 64400
ISBN 978-89-349-5254-1 (세트)

좋은 독자가 좋은 책을 만듭니다. 김영사는 독자 여러분의 의견에 항상 귀 기울이고 있습니다.
독자의견전화 031-955-3139 | 전자우편 book@gimmyoung.com | 홈페이지 www.gimmyoungjr.com
어린이들의 책놀이터 cafe.naver.com/gimmyoungjr | 드림365 cafe.naver.com/dreem365

어린이제품 안전특별법에 의한 표시사항

제품명 도서 **제조년월일** 2017년 9월 22일 **제조사명** 김영사 **주소** 10881 경기도 파주시 문발로 197
전화번호 031-955-3100 **제조국명** 대한민국 ⚠**주의** 책 모서리에 찍히거나 책장에 베이지 않게 조심하세요.

최고의 어린이 과학 콘텐츠

디스커버리 에듀케이션 정식 계약판!

Discovery EDUCATION

맛있는 과학

49 | 불가사의

박현 글 | 황은혜 그림 | 류지윤 외 감수

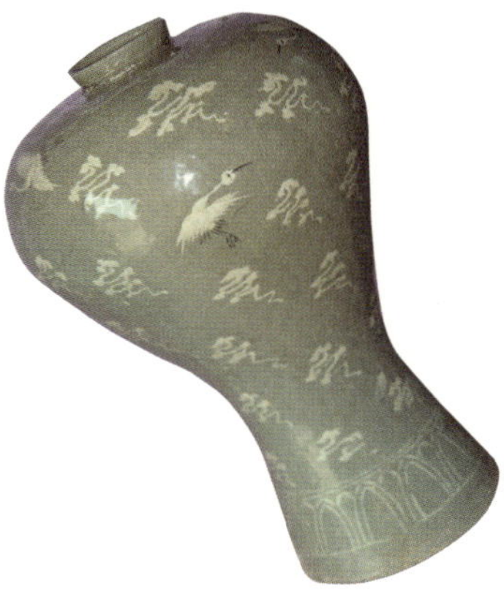

주니어김영사

차례

1. 고대의 불가사의

2. 한국의 불가사의

3. 불가사의한 초자연현상

4. 불가사의한 우리 몸

관련 교과

초등 5학년 1학기 1. 지구와 달
초등 5학년 2학기 7. 태양의 가족
중학교 1학년 2. 분자의 운동
중학교 2학년 2. 물질의 구성

1. 고대의 불가사의

세상에는 왜 그런 현상이 일어났는지 도저히 알 수 없는 일들이 있습니다. 과학이 발달하면서 신비롭게만 여겨졌던 많은 일의 원인이 밝혀지기는 했지만 여전히 풀리지 않는 현상이 남아 있습니다. 우리는 그런 현상을 목격할 때마다 "불가사의하다."라고 표현하지요. '불가사의'란 정확히 무엇을 말하는지, 고대의 불사가의에는 무엇이 있는지 함께 알아보아요.

불가사의란 무엇인가요?

'불가사의'라는 단어를 국어사전에서 찾아보면 "사람의 생각으로는 미루어 헤아릴 수 없이 이상하고 야릇함"이라는 뜻입니다. 사람이 원인을 밝히지 못한 신비한 현상을 불가사의라고 하는 것이지요.

현대 사회는 엄청난 과학의 발달로 과거에는 짐작도 할 수 없는 일들이 실현되고 있지만 고대 사회에는 원인을 알 수 없어서 두려워하는 현상도 많았습니다. 가령 도깨비불을 고대에는 죽은 사람의 영혼이 떠돌아다니는 것이라고 생각했습니다. 하지만 이제 아무도 도깨비불이 죽은 이의 영혼이

아르테미스 신전의 유적. © Adam Carr@the Wikimedia Commons

라고 생각하지 않습니다. 죽은 식물이 미생물에 의해 분해되면서 자연적으로 가스가 만들어지고 연소되어 생겨나는 불이라는 사실이 밝혀졌지요.

도깨비불에 대한 고대의 이해처럼, 불가사의라는 말은 원인을 알지 못하는 자연 현상을 가리킬 때 사용되고, 쓰임새나 만들어 낸 방법을 알 수 없는 고대의 유적을 가리킬 때도 사용합니다. 혹시 '세계 7대 불가사의'라는 말을 들어 본 적이 있나요? 세계 7대 불가사의는 고대 그리스인이 생각해 낸 것으로 당시 주변의 발달한 문명 국가들이 이룩한 웅대한 건축물과 예술 작품을 말합니다. 대피라미드, 바빌론의 공중 정원, 알렉산드리아의 등대, 에페소스의 아르테미스 신전, 올림피아의 제우스 상, 로도스의 거상이 세계 7대 불가사의입니다. 모두 대단히 웅장하며, 높이도 100m가 넘기도 하는 등 과연 당시 건축 기술로 어떻게 만들 수 있었는지 아직도 의문으로 남아 있습니다.

고고학자와 과학자는 오늘날 발견되는 고대의 유적과 유물을 끊임없이 연구해 왔습니다. 만들어진 시기, 쓰임새나 만든 방법 등을 밝히는 작업이지요. 대부분의 유적과 유물은 연구하면 만들어진 시기와 방법, 그 쓰임새를 밝혀낼 수 있지만 모든 것이 그렇지는 않습니다. 형태와 구조를 보고 만들어진 시대는 알 수 있어도, 도저히 그 시대의 기술로는 만들 수 없다는 결론이 나오기도 하거든요. 타임머신을 타고 시간을 이동하지 않는 한 진실이 무엇인지 그저 상상으로만 추측할 수밖에 없습니다.

그렇다면 세계 7대 불가사의처럼 오늘날에 풀지 못하는 고대의 불가사의에는 무엇이 있을까요? 신비롭고도 재미있는 고대의 불가사의 가운데 몇 가지를 살펴보아요.

불가사의한 대피라미드

고대의 불가사의한 유적을 말할 때 가장 먼저 떠오르는 것은 피라미드입니다. 피라미드는 파라오라고 불리는 고대 이집트 왕들의 거대한 무덤이며, 이집트에는 이런 피라미드가 많습니다. 그중 가장 크고 유명한 피라미드는 쿠푸 왕의 무덤으로 알려져 있는 '기자의 대피라미드'입니다. 이 피라미드가 세계 7대 불가사의에 포함됩니다. 기자의 대피라미드는 기원전 2500년대에 건축되었다고 추정됩니다. 지금으로부터 4500여 년 전에 만

피라미드 전경. © Janusz Recław@the Wikimedia Commons

들어진 유적입니다. 이 피라미드의 높이는 147m이고, 가로와 세로는 각각 230m나 됩니다. 대피라미드를 쌓는 데 들어간 돌이 총 230만 개이며, 돌 하나당 무게가 평균 2.5t으로 추정됩니다. 피라미드를 만드는 데 쓰인 돌의 무게가 대략 5,900만t이나 된다고 합니다. 그 시대에 과연 이렇게 많고 무거운 돌덩어리를 어떻게 옮겼을까요?

돌을 어떻게 자르고 쌓았을까요?

피라미드가 발굴되었을 때 세상 사람들은 모두 놀랐습니다. 피라미드는 규모도 엄청난 데다 매우 정밀한 건축물이었기 때문입니다. 현대의 건축 기술로 피라미드의 정밀함을 따라잡을 수 없습니다. 피라미드의 불가사의한 규모와 정밀한 구조에 대해 자세히 살펴볼까요?

우선 피라미드를 만드는 데 사용된 돌부터 불가사의입니다. 어떻게 고대

기자의 대피라미드. 맨 오른쪽이 쿠푸 왕의 무덤. 바로 옆에 아들과 손자의 피라미드가 있다.
ⓒ PeterSymonds@the Wikimedia Commons

이집트인은 엄청난 크기의 돌을 같은 크기로 정밀하게 잘라 낼 수 있었을까요? 오늘날에는 돌을 자르는 기계를 이용할 수 있지만, 피라미드가 세워진 당시에는 절단 기계는 물론이고, 철조차도 없던 시대였습니다.

또 다른 불가사의는 한 개에 2.5t이나 되는 커다란 돌을 어떻게 들어 올려서 147m나 되는 피라미드를 쌓을 수 있었느냐예요. 이만큼 무거운 돌을 그렇게 높이 들어 올리는 것은 오늘날에 사용하는 거중기로도 벅찬 일이기 때문입니다.

세계의 중심

기자의 대피라미드 사진을 보면 가장 오른쪽에 있는 피라미드가 쿠푸 왕의 무덤이며, 주위를 둘러싸고 여덟 개의 다른 무덤이 있습니다. 대피라미

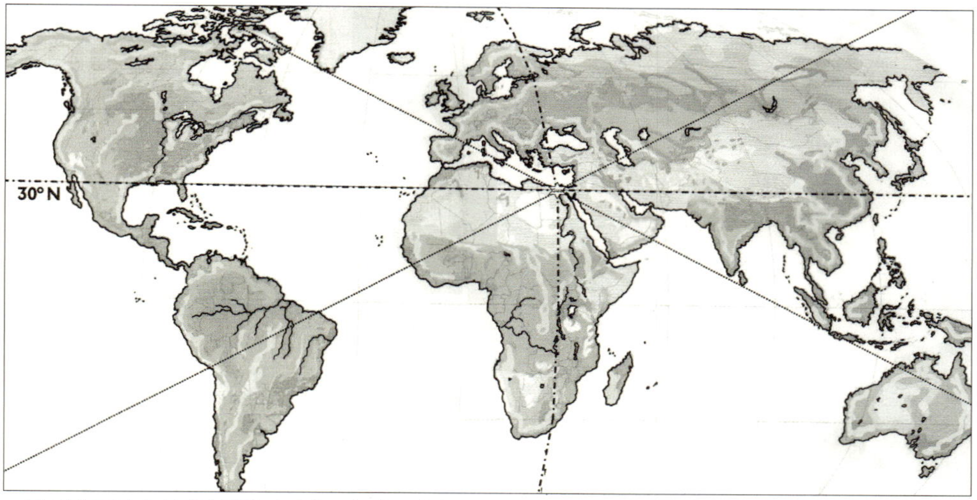

전 세계 지도에서 쿠푸 왕의 피라미드가 있는 위치.

드 옆으로 보이는 두 개의 피라미드는 쿠푸 왕의 아들과 손자의 무덤이며, 그 앞에 세 개, 그리고 사진의 반대편에 세 개의 무덤이 배치되어 있습니다. 이 여섯 개의 작은 피라미드가 왕비들의 무덤입니다.

과학자들은 이 아홉 개의 무덤의 위치에 주목하여 연구한 결과, 흥미로운 사실 하나를 발견했습니다. 이집트 카이로의 서남쪽에 위치한 이 무덤들의 위도와 경도를 살펴보았더니, 전 세계의 중심부에 이 피라미드들이 위치하고 있었습니다. 세계 지도를 펼쳐 놓고, 대피라미드를 중심으로 수직선과 수평선을 그려 보세요. 수직선은 동경 31°를 나타내고, 수평선은 북위 30°를 나타내고 있어요. 이것을 전체 세계 지도와 비교해서 살펴보아요. 세계의 대륙을 4등분으로 나누는 지점이 바로 이 피라미드들의 위치가 됩니다. 놀랍지 않나요? 고대인은 정말 세계를 4등분으로 나누는 지점을 계산하여 피라미드를 지었을까요?

뛰어난 건축 기술과 정밀한 설계

기자의 대피라미드에는 깜짝 놀랄 비밀이 더 있습니다. 대피라미드는 주

관광객이 대피라미드를 관람하고 있다. ⓒ kallerna@the Wikimedia Commons

변에 서 있는 사람이 매우 작아 보일 만큼 규모가 웅장합니다. 연구 결과에 따르면, 고대인은 현대인보다 키도 작고, 몸집도 왜소했다고 밝혀졌어요. 미라나 벽화에서도 그 증거를 찾을 수 있습니다.

그렇다면 도구도 발달하지 않았던 고대인은 엄청난 규모의 대피라미드를 어떻게 만들어 냈을까요? 한 변의 길이가 230m가 넘는 이 피라미드에 평균 2.5t의 돌을 어떻게 쌓았을까요? 또한 이 돌들을 어떻게 세워 받침을 만들어 냈을까요? 피라미드의 네 모서리는 각각 90°를 이루고 있으며, 밑변은 정확하게 동서남북을 가리키고 있어요. 이는 현대의 기술로도 만들기 어려울 만큼 정확하다고 합니다. 피라미드에 숨겨진 이런 정밀하고도 정확한 건축 기술은 아직까지도 풀리지 않는 숙제로 남아 있습니다.

피라미드에 사용된 수치의 비밀

피라미드에 사용된 정밀함과 정확한 건축 기술에 놀랐던 과학자들은 피라미드를 측정하면서 각 수치들이 가지고 있는 비밀에 주목하기 시작했어요. 수치들의 비밀을 밝혀내면 밝혀낼수록 매우 놀랍고 흥미로운 과학적 사실을 알 수 있답니다.

먼저, 동서남북을 가리키고 있는 네 개의 밑변 중 두 개를 선택해서 피라미드의 높이로 나누어 보았습니다. 그랬더니 원주율이 되었습니다.

원주율은 3.1415926535……로 나타냅니다. 이것은 십진법의 수로 표현하려면 한없이 계산을 반복해야 하는 숫자로서, 지름의 약 세 배가 됩니다. 이 원주율을 피라미드의 밑변과 높이의 관계에서 찾을 수 있다니, 놀랍지 않나요?

원주율

원둘레와 지름의 비율을 말합니다. 원주율은 π로 표시하며, 지름이 1이라면 원둘레는 3.14가 됩니다.

십진법

0, 1, 2, 3,……9의 열 개 숫자를 한 묶음으로 해서 윗자리로 올려 가는 방법입니다. 1, 10, 100, 1,000……처럼 열 배마다 새로운 자리로 옮겨 가지요. 사람의 손가락 수에서 나왔어요.

또한 과학자들은 피라미드의 수치들을 각종 단위와 비교하여 그 수치들이 지닌 의미를 찾아보았습니다. 그래서 발견한 단위가 '피라미드 인치'라고 정의한 독특한 단위입니다. 1피라미드 인치는 0.637m로, 지구의 평균 반지름을 1,000만으로 나눈 숫자입니다. 이 1피라미드 인치로 대피라미드의 밑변 한 개를 나누어 보았어요. 그랬더니 365라는 숫자가 나왔습니다. 365는 1년을 나타내는 숫자이지요. 고대 이집트인은 대피라미드를 만들 때 1년의 의미까지 담아서 만들었는지도 모릅니다. 물론 이 수치들의 의미는 과학자들이 찾아내 계산한 결과입니다. 그러나 과학적인 면에서나 수학적인 면에서 이런 수식이 우연히 일치하는 것은 매우 보기 드문 일입니다. 여러분도 피라미드에 담긴 수식을 찾아내 보세요. 아직도 피라미드에는 우리가 찾아내지 못한 많은 수식이 담겨 있을지 모르니까요.

왕의 방에 숨겨진 수수께끼

지금까지 피라마드 전체의 규격과 관련된 비밀을 살펴보았다면 이제 내부를 살펴볼까요? 과학자들이 피라미드의 내부를 조사하면서 가장 놀라웠던 장소는 바로 '왕의 방'이었습니다. 왕의 방 안에서는 녹슬었던 칼도 재생되고, 음식이나 물질이 썩지 않는 등 신비로운 점이 많았습니다. 시체도

고대 그리스의 파르테논 신전도 황금비를 보이고 있다.

썩지 않는 왕의 방은 그 신비로운 힘 때문에 영화에서도 자주 등장하곤 합니다.

이 방에 어떤 비밀이 숨겨져 있을까요? 방의 가로와 세로를 측정하여 수치를 살펴보았어요. 그랬더니 이 수치들은 황금비를 나타냈어요. 황금비란, 사람의 눈에 가장 조화롭게 느껴진다고 알려진 1 대 1.618의 비율을 의미합니다. 이 황금비는 현대의 건축이나 예술, 조각 등에서도 널리 사용되고 있는 비율입니다. 가령, 텔레비전 화면이나 창문, 엽서, 명함, 카드 등에서 볼 수 있는 가로와 세로의 비율이지요. 정말 고대 이집트인은 황금비를 염두에 두고 왕의 방을 설계했까요?

TIP 요건 몰랐지?

파라오의 저주

1922년 이집트 제18 왕조 제12대 왕인 투탕카멘의 무덤이 발굴되었습니다. 무덤을 발굴하던 중에 발견한 점토 판에는 "이것을 발굴한 사람은 저주를 받을 것이다"라고 쓰여 있었어요. 그런데 발굴을 시작한 이후로 정말 사람들이 하나둘씩 죽기 시작했어요. 특히 이 무덤의 발굴을 총지휘했던 카나본 경은 말라리아에 걸려 죽었습니다. 신기한 점은 말라리아를 옮긴 모기가 문 상처의 자리가 투탕카멘의 왼쪽 얼굴에 있던 상처와 같았다는 것이지요. 또한 카나본 경의 애완견도 갑자기 경련으로 죽으면서 사람들의 공포는 점점 커졌습니다. 무덤의 발굴에 참여했던 애덤슨 경은 사람들의 공포를 잠재우기 위해 "파라오의 저주는 없다."라고 해명하기도 했습니다. 그런데 애덤슨 경 역시 방송을 끝내고 집으로 돌아가던 길에 교통사고를 당했고, 그 후 하루도 지나지 않아 그의 아내가 죽었으며, 아들은 등뼈를 다쳐 사람들은 파라오의 저주를 더욱 굳게 믿게 되었습니다.

그런데 과학자들은 파라오의 무덤에 독이 있어서 그 독 때문에 발굴에 참여했던 사람들이 죽은 것이 아닐까 추측해 보았어요. 조사해 본 결과, 실제로는 발굴에 참여한 1,500명 가운데 21명만이 죽었기 때문이지요.

거대한 바위들 스톤헨지

영국 남부 지방에 위치한 솔즈베리 평원에는 거대한 돌들이 원 모양을 그리며 수직으로 세워져 있습니다. 그 돌들이 바로 스톤헨지(Stonehenge)라고 부르는 불가사의한 구조물입니다. 공중에 걸쳐 있는 돌이라는 뜻에서 스톤헨지라 부릅니다.

실제로 스톤헨지를 찾아가 보면, 그냥 큰 돌들이 놓여 있는 유적이라고 생각할지도 모릅니다. 하지만 사람들은 아직까지도 이 돌들이 무엇에 쓰였으며, 어떻게 만들었는지 밝혀내지 못했습니다.

스톤헨지.

스톤헨지의 고향

스톤헨지는 언제 만들어졌을까요? 오늘날의 고고학자들은 스톤헨지가 만들어진 시기를 기원전 3000~2000년까지로 추정합니다. 또 스톤헨지에 사용된 어떤 돌들은 그 근처에서는 찾아볼 수 없고 자그마치 240㎞나 떨어진 산에서 운반된 것으로 보입니다. 스톤헨지에 놓여 있는 돌 가운데에는 무게가 최고 5t까지 나가는 것도 있습니다. 기술이 발달하지 않았던 고대에 이렇게 무거운 돌들을 어떻게 옮겼을까요? 아마도 썰매나 뗏목을 이용해 육로와 해상을 번갈아 가며 운반했으리라 추측할 뿐입니다. 그렇다면 왜 고대인은 그런 수고를 들이며 스톤헨지를 만들었을까요?

스톤헨지의 용도

스톤헨지가 어떤 용도로 만들어졌는지 여러 가설이 있습니다.

어떤 학자들은 스톤헨지를 고대에 정치를 논하던 곳이라 말하기도 하고, 교회나 성당 같은 신성한 곳이었으리라 추측하기도 합니다. 그 이유는 스톤헨지 주변에서 발견된 유물들 때문입니다. 스톤헨지 주변에서는 많은 부싯돌 조각, 사슴뿔처럼 생긴 연장과 도끼 등이 발견되었지만, 실제로 사람이 살았던 다른 흔적은 나오지 않았습니다.

그래서인지 드루이드교 사제들은 이곳이 영국 고대인이 세운 신전이라고 주장하고 있으며, 하지 때마다 이곳에서 연중행사를 열고 있습니다.

드루이드교

고대 로마 시대 있었던 켈트족의 다신교를 가리키는 말입니다. 이 종교는 여러 남성과 여성으로 구분되는 신들을 숭배합니다. 로마인은 켈트 다신교를 그저 이교도라고 불렀으며, 켈트 다신교의 승려들인 드루이드를 종교의 대표적인 특징으로 여겨 드루이드교라는 이름이 생겼습니다.

하지

1년 중 태양이 가장 높이 뜨고 낮의 길이가 가장 긴 날을 말합니다.

최근에 한 퍼즐 연구가는 스톤헨지가 본래 원뿔형의 건물이었을 것이라고 주장했습니다. 그 연구가는 남아 있는 30개의 바위가 건물 외벽을 감싸고 있는 기둥이었으리라고 말하면서, 건물 조각들을 짜 맞추는 퍼즐 맞추기 과정을 거쳐 원뿔형 건물의 모형을 만들기도 했습니다.

독일 어느 길가의 벽에 그려진 스톤헨지.
ⓒ Lothar Wilhelmy@the Wikimedia Commons

해질녘의 스톤헨지 모습.

스톤헨지는 고대의 달력을 표시한 구조물이라는 주장도 있습니다. 19세기에 유행했던 이 가설은 스톤헨지를 천체 관측소였다고 설명합니다. 왜냐하면 스톤헨지의 돌이 놓인 위치들이 태양과 달의 움직임과 일치하는 점이 많기 때문이에요.

스톤헨지를 장례식장 또는 무덤이었을 것이라 말하는 사람도 있습니다. 특히 이 의견이 더 발전되어서 새로운 가설이 생겨났어요. 바로 현대식 병원처럼 스톤헨지가 병들고 다친 사람들의 순례지였다는 주장입니다. 이 주장에 따르면 스톤헨지의 중앙에 있는 큰 돌이 사람을 치유한다고 믿어서 아픈 사람들이 이곳을 찾아왔다는 것이지요. 그 주변에서 많은 불구자와 부상자의 유골이 있었고, 어떤 두개골에는 수술 흔적도 있었기 때문에 이 주장도 설득력을 얻고 있습니다. 자, 여러분은 스톤헨지가 어떤 일을 했던 곳이라고 생각하나요?

화학의 세계를 열어 준 연금술

연금술이란 고대 이집트와 아랍에서 시작되어 유럽으로 전해진 원시적인 화학 기술입니다. 값싸고 흔한 금속으로 금 같은 귀한 금속을 만들어 내려는 것이지요.

값싼 금속으로 금을 만들겠다는 연금술은 속임수처럼 보이지만 연금술에 사용했던 방법과 실험은 매우 과학적이라고 평가받습니다. 납, 철, 구리 등의 금속을 섞고 변환하는 실험을 통해 많은 화학적 지식을 알게 되었지요. 근대 이후 유럽의 과학이 발달하면서 연금술에 대한 관심도 높아졌지만 결국 성공하지는 못했습니다. 단지 과학 발전에 기여했다는 사실에 만족해야 했지요.

현대 기술로 다른 금속 원자에 특수한 방사선을 쏘아 인공적으로 금을 만들 수는 있습니다. 하지만 성공 확률도 낮고 비용도 많이 들어 차라리 금을 사는 편이 경제적이라고 합니다.

하늘에서만 보이는 나스카 문양

남아메리카 페루의 나스카 평원에는 놀랍고 신기한 그림이 있습니다. 땅에서는 보이지 않고 하늘에서만 보이는 그림이지요. 사람들은 이 그림을 '나스카 문양' 이라고 부릅니다.

지금으로부터 약 2000년 전, 페루의 나스카 평원 위에 누군가 그림을 그렸습니다. 넓은 평원 위에 그려진 이 그림은 땅에 있는 사람들이 알아보기에는 너무나 거대했습니다. 그런데 하늘에서 이 평원을 살펴보니 몇십 미터에서 몇백 미터에 이르는 커다란 그림과 문양이 그려져 있는 거예요.

누가, 어떻게, 왜 이 그림을 그렸는지 우리는 아직도 모릅니다.

여러 가지 문양

나스카의 문양에 무엇을 그렸는지 쉽게 알 수 있는 것도 있고, 전혀 알아볼 수 없는 것도 있습니다. 우리가 알아볼 수 없는 문양을 해석하려면 그 문양을 그렸던 이들의 문화나 문자에 대해 알아야 합니다. 하지만 아쉽게도 나스카 문양이 그려졌던 당시의 문화, 역사, 문자 등은 오늘날까지 전해 내려오지 않습니다.

나스카 평원에 그려진 문양들을 보면 그냥 선을 그린 것 같기도 하고, 사다리꼴이나 삼각형 등의 도형을 그린 것 같기도 합니다. 또 이상한 모양의

곡선을 여러 개 그어 놓은 것 같기도 하고, 몇몇 동물의 모양을 그린 듯도 합니다. 과학자들은 많은 나스카 문양이 2000년 이상 되었다고 밝혀냈습니다. 그렇다면 이 문양들은 어떻게 그 오랜 세월 동안 지워지지 않고 남아 있을까요?

그 비밀은 나스카의 지형적 특징에 있습니다. 안데스 산맥 기슭에 위치한 나스카 평원은 지난 1만 년 동안 비가 거의 내리지 않았으며, 바람조차 불지 않은 사막입니다. 따라서 나스카 지형은 다른 곳에 비해 환경의 변화가 적으며, 덕분에 땅 위에 그려 둔 그림도 지워지지 않고 그대로 남을 수 있었습니다.

그렇다면 혹시 고대인이 나스카 평원 외에 다른 곳에도 그림을 많이 그리지 않았을까요? 오늘날 우리가 그런 그림을 발견하지 못하는 것은 비나 바람 등 변화하는 자연 환경이 그림을 다 지워 버린 탓인지도 모릅니다.

나스카 문양을 그린 이유

나스카 문양을 볼수록 왜 땅 위에 그토록 큰 그림을 그렸을까, 혹시 하늘의 신을 위해서일까, 아니면 어떤 의식을 치르면서 그린 그림일까, 하늘에서 땅에 새긴 암호는 아닐까 등 여러 가지 궁금증이 생겨납니다. 나스카 문양을 연구해 온 고고학자와 과학자들은 이에 대해 여러 가지 추측을 했습니다. 어떤 학자들은 나스카 문양이 천문학적 그림이라고 주장했고, 외계인이 와서 그렸다고 말한 사람도 있습니다. 심지어 이 문양이 고대의 우주

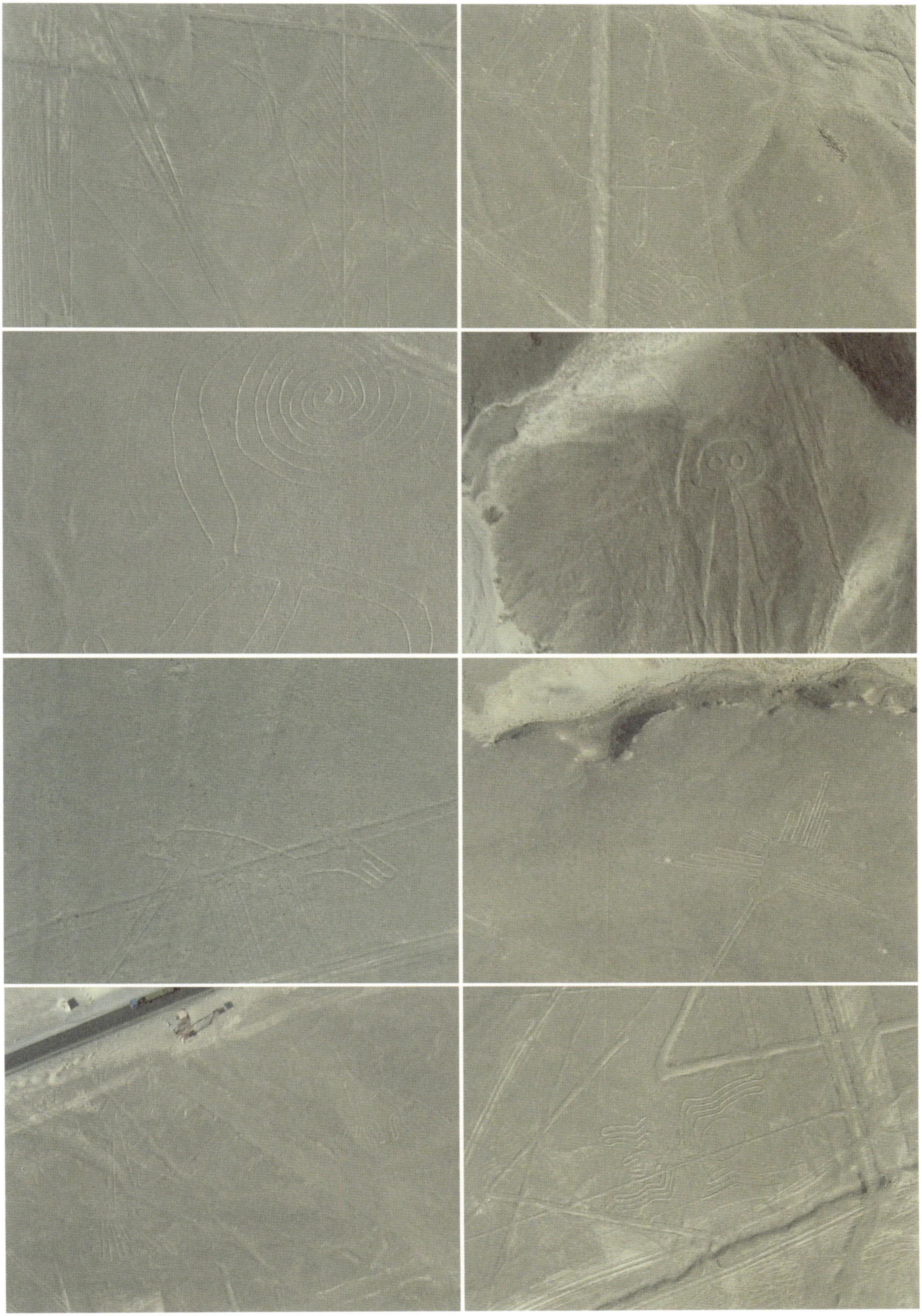

여러 가지 나스카 문양. ⓒ Raymond Osterta@the Wikimedia Commons

나스카 문양을 그리기 위해 하늘에 띄웠으리라 추정되는 열기구의 재현.

비행사를 위한 비행장이었다고 주장하기도 했답니다.

사실 나스카 문양의 불가사의는 그림의 내용보다 그림을 그린 방법에 있습니다. 이렇게 큰 그림을 그리기 위해서는 누군가가 공중에서 바라보며 그림의 각도나 방향, 길이 등을 땅 위에 있는 사람에게 가르쳐 주어야 합니다. 따라서 과학자들은 나스카 문양을 그린 사람들이 하늘로 올라갈 수 있는 기술을 가지고 있지 않았을까 하고 추측합니다.

지금 남아 있는 고대의 여러 불가사의한 유적은 어쩌면 영원히 풀리지 않을지도 모릅니다. 단 불가사의한 유적이 가르쳐 주는 분명한 사실은 고대인의 문명과 기술이 오늘날 우리의 생각보다 훨씬 뛰어났으리라는 점입니다.

이스터 섬의 모아이

남태평양 폴리네시아의 동쪽 끝에 위치한 작은 섬 이스터에는 아주 불가사의한 석상들이 있습니다. 예전에는 지도에도 나와 있지 않았던 이 섬을 발견한 사람은 네덜란드의 탐험가 야코프 로헤번입니다. 이 섬의 원주민은 자기들의 섬을 커다란 땅이라는 뜻의 라파 누이(Rapa Nui)라고 부르지만, 이 섬이 부활절에 발견되었기 때문에 보통 이스터(Easter, 부활절) 섬이라고 부릅니다. 1722년에 태평양을 항해하던 로헤번은 우연히 이스터 섬을 발견했습니다. 로헤번은 섬 입구에 줄지어 서 있는 커다란 석상들을 보고 깜짝 놀랐습니다. 매우 큰 얼굴과 길게 뻗어 있는 턱, 기다란 귀를 가진 거대한 석상들이 마치 섬을 지키는 문지기처럼 곳곳에 서 있었거든요. 원주민은 이 석상을 '모아이'라고 불렀습니다.

이스터 섬의 모아이.

이스터 섬에는 이런 석상이 약 900개나 되며, 작은

모아이는 키 3m에 무게 20t가량이고, 큰 모아이는 높이 10m에 무게는 90t에 이른답니다. 완성되지 못한 모아이도 있는데, 만일 그 모아이가 완성됐다면 높이 21m에 무게는 270t 정도였을 것이라고 합니다.

더 놀랄 만한 사실은 당시 이스터 섬에 살고 있는 사람들이 붉은 머리의 소수 원주민이어서 그 많고 무거운 석상을 조각하여 옮기고 세울 만한 힘이 없었다는 것입니다. 게다가 석상의 재료가 되는 돌은 너무 단단해서 조각하기에는 매우 어려웠을 것입니다. 이 점이 모아이가 불가사의가 된 이유입니다. 이렇게 신비한 모아이 석상은 누가, 언제, 왜 만들었을까요? 혹시 외계인이 만들었을까요?

이스터 섬의 석상들.

모아이의 비밀들

과학자들은 모아이 석상의 비밀을 밝혀내기 위해 여러 가지 실험을 했습니다. 일단 모아이 석상을 만들 때 사용한 돌의 나이를 동위원소 연대측정법으로 계산해 보았더니 이 석상들이 서기 400년부터 만들어졌다는 것을 알 수 있었어요. 또한 석상의 돌이 무겁고 단단해서 조각할 수 없다는 가설과는 다르게 날카로운 돌이나 도구를 사용하면 쉽게 조각할 수 있다는 사실을 밝혀냈습니다. 실제로 모아이 석상의 돌은 화산이 폭발하며 흘러나온 용암이 굳으면서 생겨난 돌로 보기와 달리 물렀습니다.

더욱 놀라운 사실은 모아이 석상을 만든 화산석의 종류가 한 가지가 아니며, 어떤 화산석은 이스터 섬의 돌이 아니라는 점이었습니다. 그렇다면 다른 누군가에 의해 석상으로 조각된 돌이 섬으로 옮겨졌다는 뜻인데, 항해술이나 선박 기술이 발달하지 못했던 시대에 누가 이 무거운 돌들을 옮겨 왔을까요? 또한 이스터 섬의 원주민이 모아이 석상을 조각했다면 그들은 왜 자신들의 모습과 다른 커다란 머리와 기다란 귀의 석상을 만들었을까요?

동위원소 연대측정법

동위원소는 원소의 화학적 성질은 같으나, 그 원소를 구성하는 원자의 질량이 서로 다른 원소들을 말합니다. 원소들 중에는 방사능을 밖으로 뿜어내어 질량이 줄어드는 것이 있는데, 그렇게 원소의 질량이 반으로 줄어드는 시기를 반감기라고 합니다. 각 방사성 원소들은 저마다 고유한 반감기를 가지고 있기 때문에 한 물질 안에 있는 방사성 원소의 질량과 주변 환경의 동위원소들의 질량을 서로 비교해서 물질이 생겨난 시기 등을 예측하는 방법이 동위원소 연대측정법입니다.

이스터 섬의 전설

이스터 섬의 모아이 석상이 무엇을 나타내고 있는지는 정확하게 알 수 없습니다. 하지만 사람들이 왜 석상을 만드는지를 생각해 본다면 모아이 석상에 대한 궁금증이 조금은 해결됩니다. 역사적으로 대부분의 석상은 어떤 의미 있는 것을 상징하거나 위대한 사람을 기리기 위해 만들어졌습니다. 그렇다면 이스터 섬의 모아이 석상도 누군가를 상징하거나 기념하기 위해 만들어지지 않았을까요? 이러한 추측을 뒷받침해 주는 전설이 이스터 섬의 원주민에게 전해 내려오고 있습니다.

옛날 이스터 섬에는 '짧은 귀 종족'과 '긴 귀 종족'이 살았습니다. 그런데 짧은 귀 종족의 추장과 긴 귀 종족의 추장이 동시에 한 여인을 두고 사랑에 빠졌고, 그 여인을 차지하기 위해 서로 경쟁하다가 전쟁이 벌어졌습니다. 전쟁에서 긴 귀 종족이 승리했고, 그 결과 짧은 귀 종족은 긴 귀 종족을 피해 섬 여기저기로 도망을 다니게 되었습니다. 전쟁에서 이긴 긴 귀 종

족은 짧은 귀 종족을 찾아다니며 정벌했고, 이스터 섬은 드디어 긴 귀 종족의 차지가 되었습니다.

섬을 차지한 긴 귀 종족은 혹시라도 짧은 귀 종족이 반란을 일으키지는 않을까 두려웠습니다. 그래서 짧은 귀 종족을 노예처럼 부려 이스터 섬 전체에 긴 귀 종족을 상징하는 모아이 석상을 만들게 했습니다. 짧은 귀 종족은 농사를 짓는 시간 외에는 늘 모아이 석상을 만들며 지내게 되었습니다.

문제는 긴 귀 종족에게 아이를 잡아먹는 야만적인 습성이 있었다는 점입니다. 긴 귀 종족은 짧은 귀 종족의 아이들을 계속 잡아먹었지요. 아이들이 자꾸 긴 귀 종족에게 잡아먹히자, 이를 참지 못한 짧은 귀 종족은 목숨을 걸고 다시 전쟁을 벌였습니다. 이번 전쟁에서는 짧은 귀 종족이 승리하여 이스터 섬을 차지하게 되었어요. 비록 짧은 귀 종족이 전쟁에서 이겼지만, 이스터 섬의 곳곳에는 모아이 석상이 남아 오늘날까지 전해진다는 전설이 있습니다.

전설에 대한 추리

무섭고도 끔찍한 이스터 섬의 전설은 과연 사실일까요? 이 전설을 들은 과학자들은 전설이 사실인지 아닌지 밝혀내기 위해 옛 전쟁터로 알려진 땅바닥의 재를 분석해 보았어요. 그 결과 모아이 석상이 만들어진 시기와 비슷한 때에 정말 전쟁이 벌어졌다는 사실을 알 수 있었습니다.

고고학자들과 과학자들은 원주민의 상형문자를 해석하고, 당시 이 섬의 항해술 등에 관해 계속 연구한 결과 전설의 내용이 어느 정도 사실이며, 원주민이 사람을 먹는 습성이 있었다는 것을 밝혀냈습니다.

그럼에도 불구하고 전설은 완벽한 사실로 인정받지 못했습니다. 당시 원주민의 항해술과 선박 기술로 그렇게 무거운 돌을 다른 섬에서 운반해 올 수 있었다는 증거를 밝히지 못했기 때문입니다.

기울어진 피사의 사탑

이탈리아 서부에 있는 도시인 피사에는 피사 대성당이 있습니다. 그런데 이 대성당 옆에는 그보다 더 유명한 성당의 종탑이 있어요. 이 성당의 종탑은 피사의 대표적인 관광 명소이며, 유명한 과학자였던 갈릴레이가 낙하 실험을 한 곳으로 잘 알려져 있습니다. 이 성당의 종탑이 바로 피사의 사탑입니다. 피사의 사탑은 건축을 시작한 이후 기울어진 상태로 쓰러지지 않고 오늘날까지 서 있기 때문에 불가사의한 건축물로 불립니다. 피사의 사탑이 1173년에 지어졌는데, 놀랍게도 지금까지 기울어진 채로 서 있습니다. 전 세계에 이렇게 기울어진 채로 서 있는 건축물이 피사의 사탑 하나밖에 없다는 사실만 보아

피사의 사탑. ⓒ Lee Cannon@flickr.com

도 얼마나 불가사의한 일인지 알 수 있습니다. 그래서인지 이 탑을 보기 위해 세계 방방곡곡에서 관광객이 몰려옵니다. 직접 눈으로 보고 탑에 올라가 본 관광객은 그 신기함에 더더욱 감탄하게 된다고 합니다.

탑의 건축 과정

기우뚱해서 보기만 해도 쓰러질 것 같은 피사의 사탑은 어떻게 만들어졌을까요? 피사의 사탑은 피사 대성당의 종탑으로서 피사가 팔레르모 해전에서 승리한 것을 기념하기 위해 지은 건물입니다. 이탈리아의 천재 건축가였던 보난노 피사노가 설계했으며 1173년에 건물을 짓기 시작했습니다.

그런데 피사노가 설계한 도면을 따라 탑을 만들던 중 한 가지 문제가 생겼습니다. 3층까지 쌓자 탑이 한쪽으로 기울어지기 시작한 것입니다. 건축가 피사노는 그 상태에서 똑바로 탑을 세울 수 있는 방법을 생각해 냈습니다. 기울어 가는 반대쪽을 더 무겁게 해서 탑을 쌓아 올리는 것이었습니다. 하지만 탑은 계속 기울었고, 3층까지만 완성된 채로 공사를 중단할 수밖에 없었습니다.

공사가 중단된 지 100년이 흐른 1272년, 건축가 조반니 디시모네 감독 아래 중단되었던 탑의 건축은 다시 시작되었습니다. 기울어진 탑의 균형을 잡기 위해 이번에는 기울어지는 반대쪽을 더 길게 만드는 방법으로 몇 층 더 쌓아 올렸습니다. 이 방법은 효과가 있었습니다. 그러나 공사를 다시 시작한 지 12년 만인 1284년, 피사 지역의 사람들이 전쟁에서 패배한 탓에 탑의 건축은 또 중단되었습니다.

수십 년 후 탑의 공사는 또다시 시작되어 1319년에는 드디어 7층이 완성되었습니다. 이제 사탑의 종을 달아 두는 방인 종루를 올리는 일만 남게 되었습니다. 피사의 사탑의 종루는 이탈리아의 위대한 조각가이자 건축가였던 안드레아 피사노에 의해 만들어졌고, 피사노는 1372년 탑의 가장 꼭대기인 종루를 올려 총 8층의 탑을 완성했습니다. 공사가 몇 번이나 중단되었음에도 불구하고, 마침내 피사의 사탑이 200년 만에 완공된 것입니다.

사탑은 낮은 쪽 높이가 약 55.8m, 높은 쪽 높이가 약 56.7m, 무게 1만 4,500t, 그리고 종루까지 올라가는 294개의 나선형 계단으로 이루어져 있습니다.

나선형

소라 껍데기처럼 빙빙 비틀려 돌아간 모양을 가리킵니다. 계단, 방파제 등 우리 생활 곳곳에서 나선형을 발견할 수 있습니다.

사탑의 보수 공사 과정

피사의 사탑이 완성되었을 때도 여전히 탑의 꼭대기는 기울어져 있었습니다. 탑이 완성된 이후 몇백 년을 보내는 동안, 연약한 지반 탓에 피사의 사탑은 조금씩 더 기울어졌습니다. 20세기에 들어와서도 해마다 피사의 사탑은 계속 기울었고, 1935년 이탈리아 정부는 보수 공사를 시작했습니다. 피사의 사탑이 기울어지는 원인은 탑이 세워진 땅 아래로 흐르는 지하수가 땅을 연약하게 하기 때문이었습니다. 이탈리아 정부는 땅이 부드러워지는 것을 막기 위해 약품을 주입하고, 지하수의 침입을 막았지만 공사는 실패했습니다. 1960년대에 들어와 지하수의 수요가 증가하자 사탑 밑으로 흐르는 물의 양이 적어졌고, 탑은 더욱더 기울어졌습니다. 결국 이탈리아 정부는 스스로의 힘으로 기울어지는 탑을 복구할 방법을 찾지 못했고, 세계 각국에 도움을 요청했습니다. 만일 피사의 사탑을 그대로 두면 매년 기울어져 몇십 년 안에 무너질 것이 뻔했기 때문입니다.

드디어 1990년 1월 7일, 이탈리아의 중요한 관광 자원이자 유적인 피사의 사탑을 보호하기 위해 대대적인 공사가 시작되었습니다. 공사를 앞두고 각국의 전문가들은 피사의 사탑을 어떻게 보호해야 할지 논의했습니다. 여러 가지 의견이 많았지만, 최종으로 존 부를랜드가 내놓은 방법이 채택되었습니다.

부를랜드는 탑의 기초를 강철 케이블로 묶어 두고 콘크리트를 이용해서 기초를 보강하면서, 탑이 기울어지는 반대편 지반에 무거운 납덩어리를 쌓아 두자고 제안했습니다. 다른 방안에 비해 비교적 간단했지만, 공사를 해 본 결과 좋은 결과가 나타났습니다. 공사를 시작한 지 1년도 채 안 되어 탑의 꼭대기가 약 5cm 정도 되돌아섰습니다.

탑이 기울어지는 것을 근본적으로 막기 위해 1999년부터는 탑 아래의 흙을 파 내기 시작했습니다. 탑이 기울어진 반대편인 북쪽의 흙을 긁어 내어 사탑의 기울기를 조정하는 것이었어요. 이 방법은 아주 효과가 좋았습니다. 탑의 기울기를 19세기 초의 수준으로 되돌려 놓았지요. 그래서 2001년 6월 16일, 10년에 걸친 공사를 마치고 피사의 사탑은 일반인에게 공개되었습니다.

갈릴레이와 피사의 사탑

피사의 사탑은 갈릴레이가 낙하 실험을 한 탑으로 유명하지요. 물체가 자유 낙하하는 시간은 물체의 질량과 상관없다는 법칙을 증명하기 위한 실험으로써, 피사의 사탑 꼭대기에서 크고 작은 두 종류의 물체를 동시에 떨어뜨려, 둘 다 같은 시간에 떨어진다는 것을 보여 주었다는 이야기가 전해집니다. 하지만 이 일화는 갈릴레이의 한 제자가 지어냈다고 합니다. 실제로는 1586년 수학자이자 물리학자인 시몬 스테빈이 한 실험이라고 해요.

TIP 요건 몰랐지?

더 이상 기울어지지 않는 탑

2001년 6월에 드디어 오랜 공사가 끝나고 피사의 사탑이 다시 관광객에게 개방되었습니다. 피사의 사탑은 "이렇게 기울었는데도 왜 안 쓰러지지? 신기하다. 기적이야!" 라고 외쳐 왔던 신비로운 불가사의였지만, 사실은 오랜 시간 동안 고생한 과학자들의 결과물이었어요. 현재는 탑의 기울기가 멈춘 상태랍니다.

보수 공사를 계획했던 존 부를랜드 교수는 "피사의 사탑은 더는 기울지 않습니다. 이것은 지난 7세기 만에 이룩한 눈부신 성과입니다!" 라고 말했어요.

1990년, 피사의 사탑 보수 공사를 설계한 존 부를랜드.

보수 공사에 얽힌 비밀 하나가 있습니다. 사실 보수 공사의 목적은 기울어진 탑을 똑바로 세우는 것이 아니라 쓰러지지 않을 만큼만 세우는 것이었습니다. 이미 피사의 사탑은 기울어진 탑으로 세계문화유산이 되었기 때문에, 똑바로 세우면 문화재를 훼손하는 결과가 된다는 의견이 받아들여졌지요. 과학자들과 여러 건축 전문가들은 피사의 사탑이 앞으로 300년 동안은 안전할 것이라고 말합니다.

Q&A 꼭 알고 넘어가자!

문제 1 고대의 피라미드가 불가사의인 이유는 무엇인가요?

문제 2 스톤헨지가 어떤 용도로 쓰였는지에 대한 가설에는 무엇이 있나요?

하는 점이 많았기 때문입니다. 장례식장이나 무덤이었다는 가설도 있어요. 주변에서 많은 불구자와 부상자의 유골이 발견되었거든요.

3. 나스카의 지형적 특징 때문입니다. 안데스 산맥 기슭에 위치한 나스카 지형은 지난 1만 년 동안 비가 거의 내리지 않았으며, 바람조차 불지 않은 사막입니다. 따라서 나스카는 다른 곳에 비해 환경의 변화가 적으며, 그 덕분에 땅 위에 그려 둔 그림도 지워지지 않고 그대로 남아 있습니다.

4. 기울어지는 반대쪽을 더 길게 만드는 방법으로 탑을 몇 층 더 쌓아 올렸습니다.

문제 3 남아메리카 페루의 나스카 문양이 사라지지 않고 보존될 수 있었던 이유는 무엇인가요?

문제 4 3층까지 올라간 피사의 사탑이 계속 기울어지는 것을 막기 위해 건축가 조반니 디시모네는 어떤 방법을 이용했나요?

정답

1. 마땅한 건축 도구가 없던 시대에 한 개에 2.5t이나 되는 돌을 어떻게 들어 올려서 147m나 되는 피라미드를 쌓을 수 있었는지 아직도 정확히 알 수 없습니다. 규모뿐만이 아니라 피라미드의 정밀함도 놀라울 정도입니다. 피라미드의 네 모서리는 각각 90°를 이루며, 밑변은 정확하게 동서남북을 가리킵니다. 이는 현대 기술로도 만들기 어려울 만큼 정밀하다고 합니다.

2. 스톤헨지가 고대에 정치를 논하던 곳이거나 신전이었다는 가설이 있습니다. 스톤헨지 주변에 부싯돌 조각, 사슴뿔처럼 생긴 연장과 도끼 등이 발견되었지만 사람이 살았던 흔적은 없기 때문이지요. 19세기에는 스톤헨지가 천체 관측소였다는 주장도 있었습니다. 스톤헨지의 돌들이 놓인 위치가 태양과 달의 움직임과 일치

관련 교과

초등 6학년 1학기 3. 계절의 변화
초등 6학년 2학기 4. 계절의 변화
중학교 2학년 5. 빛과 파동
중학교 3학년 3. 물질의 구성

2. 한국의 불가사의

우리나라에는 신비하고 불가사의한 유적이나 유물이 없을까요? 한반도의 역사를 살펴보면 많은 전쟁과 침략이 있었습니다. 많은 전쟁으로 인해 여러 보물이나 유적이 불에 타고 사라졌지만, 여전히 우리 곁에는 신비롭고 불가사의한 유적과 유물이 남아 있습니다. 한국의 유적과 유물을 찾아 함께 여행을 떠나 볼까요?

첨성대의 미스터리

우리나라의 많은 문화재와 유산이 숨 쉬고 있는 경주에 가 본 적이 있나요? 경주에는 불국사, 신라 왕들의 무덤, 첨성대 등 많은 유적이 있어요.

그중에서 우리는 첨성대에 대해 알아볼 거예요. 첨성대는 우리나라 국보 제31호이며 동양에서 가장 오래된 천문대로서 과학적으로 매우 정밀하고 정확한 건축물입니다. 그렇다면 어떤 점이 첨성대를 신비롭고 불가사의한 유적으로 만들었을까요? 흔히 알려진 대로 첨성대가 그저 별을 관측하기 위한 목적으로 지어졌다면 불가사의하다고 할 수 없을 거예요.

첨성대.

첨성대의 외형

첨성대의 높이는 9.17m이며, 밑바탕의 지름은 4.93m, 상층부의 지름은 2.85m입니다. 첨성대는 30cm 두께의 돌로 27층을 쌓았으며, 총 362개의 돌로 만들어졌습니다. 어떤 학자들은 첨성대의 이러한 수치를 스물일곱 개의 별자리와 1년의 날수를 표현했다고 해석하기도 합니다. 첨성대의 모양에 관해서도 여러 가지 학설이 있습니다. 호리병처럼 생긴 모양을 두고 당시에 유행했던 불교의 우주관을 표현했다는 주장도 있고, 우물 정(井) 자의 입구 모양 때문에 우물에서 세상이 생겨났다는 신라인의 세계관을 담은 유적이라는 학설도 있습니다.

그러나 첨성대의 가장 신비한 불가사의는 첨성대의 외형이 별을 관측하기에는 너무 불편하게 만들어졌다는 점입니다. 정말 첨성대는 별을 관측하기 위한 천문대였을까요?

별을 관측하기에는 불편해요

첨성대에서 별을 관찰하려면 먼저 그 안으로 들어가야 하는데, 출입문은 첨성대의 중앙에 있는 창뿐입니다. 첨성대의 중앙 창문은 너무 높이 나 있어서, 사람이 들어가려면 밖에서 사다리를 이용해야만 합니다. 일단 사다리를 이용해서 첨성대 안으로 들어가더라도, 별을 관측하기 위해서는 안에서 또다시 사다리를 이용해 올라가야만 합니다. 게다가 호리병처럼 생긴 모양 탓에 위로 갈수록 입구가 좁아지기 때문에, 별을 관측하는 사람은 매우 불편했을 거예요. 첨성대가 별을 관측하기 위한 천문대였다면, 신라인은 정말 별을 보기

천문대로서의 첨성대 모형. ⓒ Alain Seguin@flickr.com

위해 이렇게 불편한 구조로 건축물을 만들었을까요? 더구나 별을 관측하려면 높은 곳에 천문대를 만드는 것이 상식인데, 첨성대는 평지 위에 지어져 있다는 점도 의문입니다.

이처럼 첨성대를 천문대라고 말하기에는 미심쩍은 부분이 많습니다. 하지만 많은 역사학자가 첨성대를 천문대의 목적으로 지었다고 주장하고 있으며, 후대의 역사적 기록 역시 역사학자들의 주장을 뒷받침하고 있습니다. 만약 첨성대가 천문대가 아니라면, 과연 무엇에 사용하려고 만든 건축물일까요?

첨성대를 둘러싼 다른 추측들

첨성대의 쓰임새에 관한 학자들의 추측은 다섯 가지 정도로 나누어 볼 수 있습니다.

첫째, 첨성대는 제단이라는 추측입니다. 첨성대의 외형이 아름답다는 점과 정성을 들여 높이 쌓은 구조물이라는 점을 볼 때, 첨성대가 제단이라는 추측도 할 수 있습니다. 나라에 귀한 일이 있을 때, 하늘에 제사를 드리기 위해 만들어진 건축물이라는 것입니다. 신라 시대에도 하늘에 제사를 드리는 풍습이 있었다는 사실을 고려해 보면 이 주장도 신빙성이 있습니다.

둘째, 첨성대는 풍수지리에 의해 세워진 탑이라는 설입니다. 첨성대는 신라의 선덕 여왕 때 지어진 건축물로 알려져 있습니다. 왕위에 오른 선덕 여왕

풍수지리

풍수지리는 산과 땅, 물의 모양새와 기운 등을 인간의 좋은 일이나 나쁜 일, 행복한 일이나 불행한 일과 연결시키는 이론을 말합니다.

고도

천체가 지평선이나 수평선과 이루는 각거리를 말합니다. 지평선을 기준으로 하여 측정한 천체의 높이를 각도로 나타낸다는 뜻이에요.

은 삼국 통일의 염원을 담아서 신라의 동북쪽에 황룡사 9층탑을 세웠습니다. 그 후 풍수지리로 볼 때, 신라의 한쪽으로만 기운이 흐른다는 문제가 있었어요. 그래서 황룡사 9층탑의 반대쪽인 서남쪽에 호리병 모양의 탑인 첨성대를 쌓았다는 설이 전해집니다. 우리 조상이 풍수지리를 중요하게 생각했던 사실을 생각해 보면, 이 주장도 어느 정도 가능한 이야기입니다.

셋째, 첨성대는 태양의 고도를 알아내는 기구라는 추측입니다. 첨성대는 그 위치로 볼 때, 별을 관측하는 장소로 적절하지 않습니다. 첨성대가 산이나 언덕이 아닌 평지에 만들어졌기 때문입니다. 그렇다면 첨성대가 별이

멀리에서 본 첨성대.
ⓒ 본인(本人) 촬영@the Wikimedia Commons

아닌 태양을 관측하기 위한 기구는 아니었을까요? 어떤 학자들은 첨성대가 태양의 그림자를 관측하여 태양이 지표면과 이루는 각도를 계산하는 지표 역할을 했다고 주장합니다. 그런데 단순히 태양의 고도를 계산하기 위한 지표로 사용하려고 지었다고 보기에 첨성대는 과학적이고 수학적으로 정밀하게 계산된 매우 아름다운 건축물입니다. 그래서 이 주장은 받아들이기 어렵습니다.

넷째, 첨성대는 단순히 수학적인 상징물이라는 주장입니다. 첨성대에 관련된 숫자들을 잘 살펴보면 마치 수수께끼를 찾는 것 같습니다. 특히 첨성대에는 달력과 관계된 숫자들이 많이 있어요. 우선 첨성대를 만드는 데 사용된 돌이 362개라는 사실은 365일로 이루어지는 1년을 떠올리게 해 줍니다. 또한 첨성대는 27단의 돌로 쌓여 있는데, 선덕 여왕이 신라의 27대 왕이라는 것을 상징한다고 볼 수도 있습니다. 게다가 첨성대를 3단으로 이루어져 있는 중앙 창문을 기준으로 나누어 보면, 위아래로 각각 12층씩 되어 있어서 1년의 열두달과 24절기를 뜻한다고 해석할 수도 있습니다. 그렇지만 아무리 많은 수학적인 의미가 있다 해도 단순히 이런 의미를 나타내기 위해 세워진 건축물이라고 보기에는 어렵다는 지적이 있습니다.

다섯째, 불교의 수미산을 나타내는 구조물이라는 추측입니다. 수미산은 불교의 설화에 나오는 산으로서 바다로 이루어진 세계의 한가운데 자리한 큰 산을 말합니다. 선덕 여왕은 죽기 전에 이 수미산에 나오는 도리천에 자신의 시신을 묻어 달라고 말했을 만큼 수미산이나 불교 신앙에 커다란 의미를 두었던 왕이었습니다. 첨성대와 수미산을 연관 지어 생각해 보면 이 둘은 서로 비슷한 점이 많습니다. 첨성대의 중앙 창문 아래쪽을 흙으로 메워 둔 것은 수미산의 아랫부분인 인간의 세계를 나타낸다고 할 수 있으며, 첨성대의 우물 정 자 모양의 가장 윗부분은 하늘과 땅의 중간이면서 인간이 갈 수 있는 마지막 단계인 도리천을 상징한다고 볼 수 있습니다.

최고의 종소리 성덕대왕 신종

여러분 혹시 에밀레종에 관한 설화를 들어 보았나요? 에밀레종으로 알려져 있기도 한 이 종의 정식 이름은 '성덕대왕 신종' 입니다.

성덕대왕 신종은 서기 742년 신라의 제35대 왕인 경덕왕이 아버지인 성덕왕의 공덕을 널리 알리기 위해 만들기 시작했으나 그 뜻을 이루지 못하고 성덕왕의 손자인 혜공왕이 771년에 완성한 신라 시대의 종입니다. 완성되기까지 30년이나 걸린 이 종의 소리는 아주 깊고 아름다워서 세계의 유명한 종소리와 비교해도 손색이 없다고 합니다. 또한 성덕대왕 신종은 현재 전해져 내려오는 종 가운데 가장 거대하며, 독특한 미술적 가치를 지니고 있어서 국보 제29호로 지정된 상태입니다.

성덕대왕 신종에 관한 전설

성덕대왕 신종은 그 종소리가 매우 오묘한 탓에 조금은 섬뜩한 설화를 가지고 있습니다. 이 설화에 따르면 종을 만드는 쇳물에 아이를 함께 넣어 만들었기 때문에 오묘한 소리가 난다는 것입니다. 정말 종을 만들 때 아이를 집어넣었을까요? 만일 설화가 사실이라면 성덕대왕 신종을 볼 때나, 그 소리를 들을 때마다 사람들의 마음이 매우 불편하겠지요. 다행히 성덕대왕 신종을 연구한 결과, 종을 만들 때 아이는 들어가지 않았다고 합니다. 만일

성덕대왕 신종의 모습.

아이가 들어갔다면, 종의 성분 가운데 사람의 뼈에 들어 있는 '인'이라는 원소가 들어 있어야 하거든요. 1998년 포항산업과학연구원에서 극미량 원소 분석기를 통해 이 종의 크기와 성분을 분석해 보았더니 인이 들어 있지 않았습니다. 극미량 원소 분석기는 100만분의 1g까지 분석할 수 있기 때문에 측정 결과가 매우 정확하다고 해요. 설화가 사실이 아니어서 정말 다행이지요?

성덕대왕 신종의 외형

실제로 성덕대왕 신종을 보면 크기와 무게에 깜짝 놀라게 됩니다. 이 종의 높이는 무려 3.75m, 지름은 2.27m이며, 무게가 자그마치 18.9t에 달합니다. 종의 맨 위에는 소리의 울림을 도와주는 음통이 있는데, 이 음통은 우리나라 구리종에서만 발견되는 독특한 구조입니다. 종을 매다는 고리 역할을 하는 용뉴는 용머리 모양으로 조각되어 있고, 종 몸체에는 위아래에 넓은 띠를 둘러 그 안에 꽃무늬를 새겨 넣었습니다. 종의 어깨 밑으로는 네 곳에 연꽃 모양으로 튀어나온 아홉 개의 작은 돌기를 사각형의 유곽이 둘러싸고 있어요. 유곽 아래에는 두 쌍의 비천상이 있어요. 하늘로 날아오르는

시계 방향으로 용뉴, 당좌, 비천상, 하대.

듯한 이 비천상은 성덕대왕 신종의 가장 큰 특징입니다. 성덕대왕 신종은 통일 신라 시대의 예술이 전성기에 다다랐을 때 만들어진 종으로 화려한 문양과 조각 기법이 특징이며, 몸통에 남아 있는 1,000여 자의 뛰어난 글은 문장뿐 아니라 새긴 수법도 뛰어나서 1,300년 가까이 지난 오늘날까지도 손상되지 않고 전해 내려오고 있습니다.

그렇다면 통일 신라 시대의 사람들은 이렇게 거대하고 화려한 종을 어떻게 만들어 냈을까요? 이 종을 만들기 위해서는 정말 어마어마한 양의 재료가 사용되었을 것입니다. 성덕대왕 신종의 재료는 청동인데, 청동은 구리와 주석을 섞어서 만듭니다. 통일 신라 시대 당시의 청동은 매우 귀한 재료였으며, 이 종을 만들기 위해서 백성 한 사람당 약 1돈(3.75g)의 청동이 필요했다고 합니다. 더군다나 이렇게 모은 청동을 가지고 종을 완성하는 데 약 30년이나 걸렸다고 하니, 성덕대왕 신종이 그 시대에 얼마나 소중한 보물이었는지 알 수 있습니다.

울림의 비밀은 맥놀이

성덕대왕 신종은 모양도 아름답지만 특히 그 소리를 인정받은 유물입니다. 전국 사찰에 있는 종소리 열 개를 들려 주고 가장 가슴에 와 닿는 소리를 선택하라는 조사를 해 본 결과 97.5%의 응답자가 성덕대왕 신종의 소리를 꼽았습니다. 다른 종과 비교했을 때 그 소리가 특별히 감동적이라는 증거입니다.

성덕대왕 신종의 "에밀레 에밀레."라는 종소리의 비밀은 흔히 맥놀이 현상으로 알려져 있습니다. 맥놀이란 진동수가 다른 두 개의 소리가 서로 간섭해서 소리가 주기적으로 세어졌다 약해졌다 하는 현상입니다. 성덕대왕 신종에서 맥놀이 현상이 일어나는 원인은 무엇일까요?

종을 치는 순간 소리는 한꺼번에 생겨나서 허공으로 퍼집니다. 제일 처음 종에서 나는 소리는 타종 직후 1초 안에 사라져요. 이 순간의 음은 종의 많은 부분의 강하고 약한 음이 혼합되어 굉음으로 들립니다. 이때 나는 소리가 장중하고 당차야 하며 잡음도 없어야 좋은 소리가 나지요. 첫 음이 지나간 다음 5~10초 사이에는 고음과 중음이 들립니다. 몇 초 안에 들리는 대부분의 소리는 서로 흡수하거나 합쳐지지 않고 자연스럽게 사라집니다. 나머지 음은 1분에서 3분 사이에 들립니다. 약 9초 이후부터는 숨소리와 비슷한 64Hz와 어린아이 곡소리와 비슷한 168Hz의 소리만 남아요.

맥놀이 현상은 168Hz와 64Hz 모두에서 일어납니다. 168Hz의 음파는 종을 친 후 9초 뒤에 곡소리처럼 "어엉." 하고 울고는 사라지다가, 다시 한

■ 성덕대왕 신종 타종 직후 소리 성분들의 변화

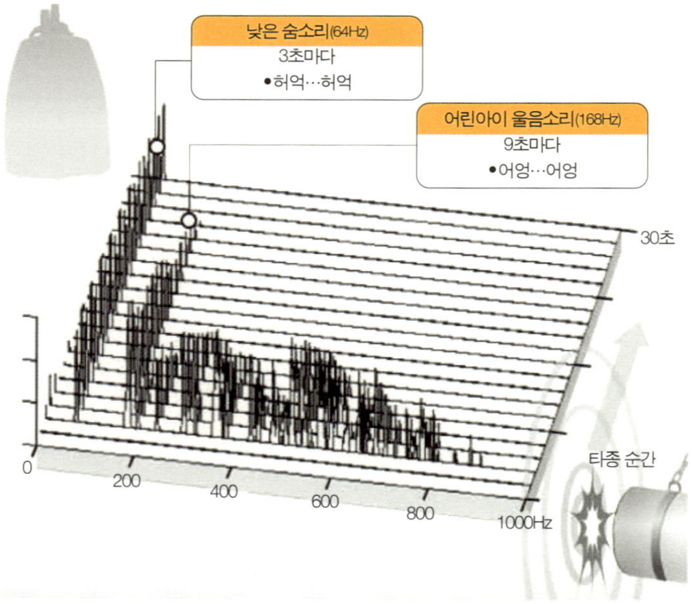

번 9초 뒤에 약하게 울음소리를 냅니다. 168Hz를 더 자세히 들어 보면 168.52Hz와 168.63Hz의 두 가닥 음파가 한 쌍을 이루고 있습니다. 두 음의 차이는 0.11Hz이며, 이것은 1초에 0.11번 소리가 진동한다는 것이지요. 이 두 가닥 음파의 차이 때문에 맥놀이의 주기가 9초가 됩니다.

가장 마지막까지 남는 소리는 64Hz의 소리입니다. 이 주파수도 64.07Hz, 64.42Hz 두 가닥 음파가 한 쌍을 이룹니다. 0.35Hz라는 차이 때문에 약 3초마다 맥놀이 현상이 한 번씩 일어납니다.

그런데 이러한 맥놀이를 들으려면 종의 크기와 성분도 중요하지만 종의 모양이나 종을 치는 부분도 중요합니다. 우리나라의 종에는 당좌라고 부르는 부분이 있습니다. 바로 이 당좌가 종을 칠 자리를 표시해 놓은 곳입니다. 종을 치는 위치에 따라 소리가 달라지니 당좌의 위치가 매우 중요했겠지요. 그런데 놀라운 사실은 현대 물리학자들이 성덕대왕 신종을 정밀하게 분석해서 계산한 타종 자리에 정확하게 당좌가 만들어져 있다는 것입니다.

거의 1,300년 전에 만들어진 성덕대왕 신종의 당좌 위치가 현대 과학자들이 분석한 데이터와 일치한다는 것은 정말 대단한 일입니다. 그뿐만이 아니라 성덕대왕 신종에 있는 각각의 문양도 그저 보기만 좋게 만들어진 것이 아니라 맥놀이 현상과 관련되어 있다고 하니 놀라울 따름입니다. 그렇다면 신라인은 우연히 이런 소리가 나는 종을 만들었을까요? 그렇게 생각하기에는 성덕대왕 신종을 만드는 데 걸린 시간이 30년이나 됐다는 사실이 잘 이해되지 않습니다.

잃어버린 종소리

신라인의 과학 기술이 녹아 있는 성덕대왕 신종의 종소리는 지난 2003년 이후로는 더 이상 들을 수 없게 되었습니다. 성덕대왕 신종은 오랜 역사의 세월을 견뎌 왔고, 땅속에도 묻혀 있었기 때문에 종 표면에 부식 현상이 나타나기 시작했습니다. 2001년부터는 종소리도 예전과 달라졌다고 해요. 과학자들이 성덕대왕 신종을 자세히 살펴본 결과, 열 군데 정도에 미세한 균열이 생겼고, 계속 타종하게 되면 종이 더 빨리 노화될 염려가 있다고 합니다. 이 때문에 2003년 이후부터는 성덕대왕 신종의 타종을 일체 중단했습니다.

오늘날 우리의 과학 기술이 많이 발달했는데도 약 1,300년 전에 만들어진 성덕대왕 신종을 복원시키지도, 그 성분을 제대로 알아내지도 못하고 있습니다. 이 사실은 성덕대왕 신종이 얼마나 신비하고 불가사의한 유물인지 잘 보여 주고 있습니다. 언제쯤 우리는 아름다운 성덕대왕 신종의 소리를 다시 들을 수 있을까요?

TIP 요건 몰랐지?

성덕대왕 신종의 설화

경덕왕 시절 성덕대왕 신종은 봉덕사의 스님들이 정성껏 만들었습니다. 하지만 완성되었을 때 종을 쳐도 소리가 나지 않았어요. 스님들은 종에 대한 정성이 부족한 탓이라고 생각해 전국을 돌며 백성의 시주를 받았습니다. 그러던 중 한 스님이 매우 가난한 집에 들어갔으나, 그 집주인은 시주할 것이 없다며 아들이라도 주겠다고 했습니다. 스님은 거절하고 절에 돌아왔습니다. 그런데 꿈에서 계속 "그 아이가 들어가야 한다. 그 아이를 데려오너라."라는 소리가 들렸습니다. 매일 같은 꿈에 시달리던 스님은 그 집의 아이를 데려왔고, 스님들은 펄펄 끓는 쇳물에 아이도 함께 넣었습니다. 드디어 종이 다시 만들어져 타종하자, "에밀레, 에밀레."라는 매우 맑은 소리가 났습니다. 그 소리가 마치 엄마를 찾는 어린아이 울음소리 같다 하여 사람들은 이 종을 에밀레종이라고 불렀습니다.

오묘한 고려청자의 비취색

고려 시대의 가장 대표적인 유물은 무엇일까요? 아마도 가장 먼저 떠오르는 것은 고려청자가 아닐까요? 고려청자는 우리 민족의 예술품 가운데에서 세계에서 으뜸으로 인정받는 유물입니다. 세계 각국의 유명한 박물관이 고려청자를 전시해 관람객들의 눈길을 끌고 있을 정도입니다. 고려청자는 단순한 도자기를 넘어서 우수한 과학적 기술을 인정받았으며, 예술품으로서 그 가치가 나날이 높아지고 있어요.

겉으로 보기에는 단순히 푸른빛을 내는 도자기일 뿐인데, 사람들은 왜 고려청자를 신비롭고 불가사의한 예술품이라고 말할까요? 현대에 와서 많은 과학자는 고려청자의 성분을 분석하여 그 비밀을 알아내려고 시도했고, 많은 도자기 장인이 고려청자의 빛을 재현하려 했지만, 아직도 고려청자를 똑같이 만들어 내지 못하고 있습니다.

고려청자의 독특함

오늘날 고려청자 진품은 가격이 수억 원에 이르는 고가의 도자기입니다. 왜 고려청자는 다른 도자기들보다 매우 비쌀까요? 또한 사람들이 고려청자에 열광하는 이유는 무엇일까요?

우선 고려청자가 다른 도자기와 다른 점은 색깔입니다. 고려청자는 비취 또는 옥과 비슷한 색깔을 내는 도자기로서 은은하고, 신비로운 느낌을 줍

다양한 고려청자들.

니다. 오늘날 그 빛깔을 똑같이 재현하기 위해 수많은 도예가들이 열심히 노력하고 있지만 아직도 비밀은 풀리지 않았습니다. 고려청자는 더더욱 귀한 보물이 되고 있지요.

둘째로, 고려청자는 용도에 따라 다양하게 나뉘어 있습니다. 우리는 흙으로 빚어서 만든 그릇이나 항아리를 도자기라고 부릅니다. 그런데 고려청자는 이렇게 흔히 볼 수 있는 그릇이나 항아리뿐 아니라 기와나 찻잔, 연적이나 상자 등 다양한 생활용품으로 나뉘어 있으며, 당시 고려인의 삶과 문화 수준을 잘 나타내고 있습니다. 따라서 고려청자는 생활용품인 동시에 전시품으로서 예술적 가치를 지니고 있답니다.

고려청자의 제작 과정

고려청자는 어떻게 만들었을까요? 청자나 백자와 같은 도자기들은 흙으로 빚어서 만든 그릇을 높은 온도에서 구워 냅니다. 고려청자 역시 흙으로 만들어 높은 온도에서 구워 냅니다. 단 보통의 도자기들보다 훨씬 복잡한 단계를 거치지요. 우선 바탕흙으로 모양을 잘 만들고 말립니다. 그리고 700℃에서 800℃ 정도의 온도에서 한 번 구워요. 이것을 초벌구이라고 하지요. 초벌구이를 마친 도자기는 옅은 회색을 띠게 됩니다. 여기에 철분이 포함된 유약을 입혀서 1,250℃에서 다시 구워 줍니다. 이때 유약의 색이 변하면서 오묘한 비취색이 나타난다고 해요.

고려청자는 단순히 푸른 비취색만 띠는 것이 아니라 여러 가지 문양과 그림이 그려져 있습니다. 이 문양과 그림들은 어떻게 그려 넣었을까요? 사실 우리가 아는 고려청자의 무늬는 상감 기법을 사용해서 그려넣은 것입니다. 상감 기법이란 도자기에 그림을 그려 흙을 파낸 후, 그 자리에 다른 색의 흙을 채워 넣는 방법입니다. 파낸 자리에 흙 외에도 금, 은, 보석, 뼈, 자개 등을 넣어 아름다운 문양을 새겨 넣습니다. 그냥 물감으로 그림을 그려서 도자기를 구우면 그림들이 높은 열을 견디지 못해서 사라지기 때문이에요. 고려청자에 있는 무늬들은 모두 대단한 정성이 들어가는 상감 기법을 통해 완성된 것이며, 그 기술은 오늘날에도 재현할 수 없을 만큼 어렵다고 합니다.

혹시 이 돼지 저금통도 고려청자가 아닐까?
바보 아냐?

TIP 요건 몰랐지?

상감 기법

상감 기법이란 청자의 바탕흙 위에 음각 무늬를 새기고 그 새겨진 무늬 안을 자토나 백토로 메워 놓은 다음 유약을 발라 구워 내면 자토는 흑색을, 백토는 백색을 띠게 됩니다.

이런 기법은 잔손질이 많아 시간이 오래 걸리고, 잘못하면 문양이 녹아서 유약에 흡수될 수 있습니다. 또는 그 반대로 유약을 바른 면에 빙렬(갈라진 얼음에 생긴 금 모양의 무늬)이 너무 많이 생기거나 터지기도 해서, 도자기에 상감 기법을 사용한 예는 거의 없었지요.

그런데 12세기에 들어서면서 고려청자에 상감 기법을 사용하면서 다시 한 번 절정기를 맞이하게 됩니다. 처음의 상감 문양은 그릇의 안과 밖 일부에서만 나타나다가 점차 전면에 나타나게 되었어요. 오늘날 고려청자는 빛깔과 함께 상감 무늬 덕분에 높은 예술 작품으로 평가받고 있습니다.

상감 기법을 이용한 청자.

신비로운 천불천탑의 절 운주사

전라남도 화순군 도암면 천불산 기슭에 있는 작은 절 운주사에는 다른 절에서 보기 힘든 아주 특별한 불상과 탑이 많습니다. 전해 내려오는 말에 의하면, 이 작은 절에 자그마치 1,000개의 불상과 1,000개의 탑이 있었다고 합니다. 그래서 사람들은 운주사를 천불천탑의 절이라고 부르기도 해요.

불교의 전래 설화에서는 1,000개의 불상과 1,000개의 탑이 모두 세워지는 천불천탑의 날에 새로운 시대가 시작된다는 말도 있습니다. 그렇다면 혹시 이 운주사에 많은 불상과 탑이 있는 이유가 불교의 전래 설화와 관련이 있을까요? 작은 절 운주사에는 왜 이렇게 많은 수의 불상과 탑이 있을까요? 우리 함께 그 신비를 풀어 보아요.

남다른 운주사

불교의 사찰은 대개 건물이 세워진 연대와 지은 사람의 이름 등이 전해 내려옵니다. 그런데 운주사에는 절을 세운 연대나 목적, 이 절을 지은 사람도 뚜렷하게 전해지지 않습니다. 또한 운주사 주변의 산등성이와 계곡을 살펴보면 무려 70개의 돌부처와 12개의 석탑이 세워져 있습니다. 이렇게 많은 수의 불상과 탑이 절 주변에 펼쳐져 있는 모습은 세계적으로도 찾아볼 수 없습니다. 돌부처와 석탑의 모양 또한 독특합니다. 다른 절에 있는 돌부

일반적인 돌부처 얼굴(왼쪽)과 운주사의 돌부처 얼굴(위).

처는 자비로운 미소를 띠고 있지만 운주사의 돌부처는 각양각색의 얼굴을 하고 있습니다. 석탑은 정통적인 불탑의 형태가 아니라 멋대로 쌓여 있으며, 조각 솜씨도 몹시 볼품없습니다. 다른 절에서 볼 수 없는 이런 독특함은 운주사를 더욱 신비롭게 만들고 있습니다.

칠성바위의 비밀

운주사 서쪽 기슭에는 칠성바위라고 불리는 일곱 개의 바윗돌이 있습니다. 이 바위들이 놓여 있는 형태가 매우 신기합니다. 마치 밤하늘의 북두칠성을 그대로 옮겨 놓은 듯이 바위들은 산 중턱에 북두칠성과 똑같은 모양과 각도를 이루고 있습니다. 이렇게 크고 무거운 바위들은 왜 이곳에 놓여 있을까요? 일곱 개의 바윗돌들이 놓인 방향과 형태도 국자 모양의 북두칠

일반적인 석탑.

운주사의 석탑.

성을 정확하게 가리키고 있어서 우연히 돌들이 놓였다고 생각하기는 어렵답니다. 그렇다면 누군가 이 바위들을 산중턱까지 옮겨 놓았다는 얘기가 되겠지요. 이렇게 크고 무거운 돌들을 왜 옮겨 놓았을까요? 지금까지도 누가 이 바윗돌들을 옮겨 왔는지 알 수 없으며, 놓인 형태의 비밀도 명확히 밝혀지지 않아서, 사람들은 이 바윗돌들을 칠성바위라고 부를 따름입니다.

천불천탑

운주사에는 정말 1,000개의 불상과 1,000개의 탑이 있었을까요? 조선 시대에 편찬된 책 《동국여지승람》에는 "운주사는 천불산에 있으며 절 좌우의 산에 석불 석탑이 각 일천 개씩 있고 두 석불이 서로 등을 대고 앉아 있다." 라고 기록되어 있습니다. 또한 1632년에 발간된 《능주읍지》에는 "운주사는 현의 남쪽 이십오 리에 있으며 천불산 좌우 산 협곡에 석불 석탑이 일천 개씩 있고 석실에 두 석불이 서로 등을 맞대고 앉아 있다."라는 기록이 있습니다.

칠성바위.

북두칠성의 모양과 일치하는 칠성바위의 배열.

그 후 정유재란으로 인해 석불과 석탑이 훼손되거나 없어졌습니다. 1940년대에는 석불 213개와 석탑 30개가 있었다고 전해지지만 오늘날에는 석불 70개와 석탑 12개만 남아 있습니다. 그렇다면 혹시 운주사에는 정말 1,000개의 불상과 1,000개의 탑이 있었던 것은 아닐까요? 정말 천불천탑이 사실이라면 그렇게 많은 탑과 불상을 만든 이유는 무엇일까요? 오늘날 운주사에 남아 있는 불상은 굉장히 다양한 표정과 모양을 하고 있습니다. 운주사 불상의 이런 특징 때문에 우리의 궁금증은 더욱 커져만 간답니다.

운주사의 와불

운주사의 많은 불상과 탑 가운데 가장 유명한 유적은 산 서쪽의 바위 위에 새겨진 누워 있는 부처 상입니다. 누워 있는 부처 상을 보통 와불이라고 부르는데, 운주사의 와불은 정말 독특해요. 보통의 와불은 부처님이 옆으로 비스듬히 누워 있지만 운주사의 와불은 앉아 있는 모습과 서 있는 모습으로 조각된 채 누워 있습니다. 이렇게 앉은 모습과 선 모습으로 누워 있는 부처님은 세계에서 유일하게 운주사에만 있습니다.

또한 운주사의 와불은 앉아 있는 모양의 불상이 12.7m, 서 있는 모양의 불상이 10.26m나 될 만큼 거대하며, 와불이 누워 있는 방향은 정확하게

운주사의 와불.

남과 북을 가리키고 있습니다.

전설에 의하면 2,000번째 부처님이 일어나면 곤륜산의 정기를 우리 민족이 받아 새로운 세상이 열리고 지상 최대의 나라가 된다고 합니다. 과연 이 와불은 일어날 수 있을까요?

Q&A 꼭 알고 넘어가자!

문제 1 흔히 별을 관측하는 건축물이라고 알려진 첨성대를 천문대라고 확신할 수 없는 이유는 무엇인가요?

문제 2 성덕대왕 신종이 에밀레종이라고 불리는 이유는 무엇인가요?

중 한 아이를 시주로 받았습니다. 그리고 종을 다시 만들 때 아이도 함께 넣었다고 합니다. 그 후 완성된 종에서 나는 "에밀레, 에밀레" 하는 소리가 엄마를 찾는 어린아이 울음소리 같다 하여 에밀레종이라는 이름이 붙었습니다.

3. 다른 절의 돌부처는 자비로운 미소를 띠고 있지만 운주사의 돌부처는 각양각색의 표정을 짓고 있습니다. 석탑 역시 정통적인 불탑의 형태가 아니라 멋대로 쌓여 있으며, 조각 솜씨도 매우 볼품없습니다. 또한 운주사 주변의 산등성이와 계곡에는 70개의 돌부처와 12개의 석탑이 세워져 있는데, 이렇게 많은 불상과 탑이 주변에 펼쳐진 모습은 세계적으로 운주사가 유일합니다.

문제 3 운주사의 석탑과 돌부처가 다른 절의 것과 다른 점은 무엇인가요?

정답

1. 첨성대에서 별을 관찰하려면 먼저 안으로 들어가야 하는데, 출입문은 첨성대의 중앙에 있는 창뿐입니다. 첨성대의 중앙 창문은 너무 높이 있어서, 사람이 들어가려면 밖에서 사다리를 이용해야만 합니다. 일단 사다리를 이용해 첨성대 안으로 들어가더라도, 별을 관측하기 위해서는 안에서 또다시 사다리를 이용해 올라가야 합니다. 별을 관측하기 위해 지었다면 이렇게 사람이 이용하기에 불편하게 만들지 않았으리라는 의견이 있기 때문에 첨성대를 천문대라고 확신하기는 어렵습니다.

2. 종소리가 몹시 오묘한 탓에 전해 내려오는 설화가 있습니다. 처음에 성덕대왕 신종이 만들어졌을 때에는 타종해도 소리가 나지 않았습니다. 정성이 부족한 탓이라고 생각했던 스님들이 백성의 시주를 받으러 다니던

관련 교과

초등 6학년 2학기 1. 물속에서의 무게와 압력,
2. 일기 예보
중학교 1학년 8. 판 구조론과 지각 변동
중학교 2학년 6. 태양계

3. 불가사의한 초자연현상

우리가 겪는 많은 자연 현상은 과학 기술이 발달하면서 그 원인이 밝혀졌습니다. 하지만 현대 과학으로도 도저히 이해할 수 없는 현상이 일어나고 있어요. 정체를 알 수 없는 비행 물체가 출현하거나, 배나 비행기가 갑자기 사라지기도 하지요. 이처럼 경험이나 논리로는 설명할 수 없는 일들을 초자연현상이라고 부릅니다.

UFO의 미스터리

UFO란 무엇인가요?

UFO(unidentified flying object)는 지상이나 하늘을 날아다니는 미확인 비행물체를 부르는 말입니다. 하늘을 날아다니는 이상한 물체에 대한 기록은 아주 오래전부터 있어 왔습니다. 하지만 1947년 미국의 사업가인 케네스 아널드가 비행을 하던 중 아홉 개의 밝은 빛을 내는 비행물체를 발견했고, 이 물체들의 생김새 때문에 UFO는 비행접시라고도 불리게 되었습니다. 오늘날에는 접시 모양의 비행물체 외에도 삼각형, 사각형, 오각형의 다

다양한 형태의 UFO.

양한 모양의 UFO가 발견되었다고 알려졌습니다.

대부분의 과학자는 UFO를 관찰자의 착시 현상으로 해석합니다. 하지만 이렇게 관찰된 UFO의 정체를 구름 현상, 유성, 혜성의 움직임, 비행기의 움직임 등의 착시 현상으로 해석하기에는 의문점이 있습니다. 실제로 UFO를 목격한 사람들의 주장이 매우 강력하며, 확신에 차 있기 때문이에요. 그래서 일부 과학자들은 UFO를 통해 외계인의 존재를 주장하기도 한답니다. UFO는 정말 외계인의 비행물체일까요?

외계인을 찾아 띄우는 UFO

우리가 살고 있는 지구는 우주 전체에서 볼 때 작은 행성에 불과합니다. 그렇기 때문에 수많은 과학자들은 드넓은 우주 어딘가에 생명체가 살 것이

파이어니어 10호(왼쪽)와 외계인에게 보내는 메시지 보드(오른쪽).

라고 생각하여 계속 우주를 연구하고 있습니다. 실제로 오늘날의 많은 과학 영화나 소설은 외계인의 존재를 그리고 있으며, 인류의 우주 계획 역시 외계의 생명체가 있으라는 가정 아래에 세워지고 있습니다.

1972년과 1973년에 미국이 쏘아올린 파이어니어 10호와 11호 로켓에는 존재할지도 모르는 외계의 생명체에게 지구인의 존재를 알리는 메시지를 싣고 있습니다. 외계의 생명체가 있다면 인류가 보낸 메시지를 통해 지구의 존재를 알게 될 것이고 우리를 찾아오리라 기대했기 때문입니다. 인류가 우주를 향해 발사했던 이런 로켓도 외계 생명체의 입장에서는 UFO라고 볼 수 있습니다. 외계 생명체를 찾아 인류가 UFO를 보내고 있는 셈이지요.

UFO 혹은 타임머신

어떤 사람들은 UFO가 외계에서 온 것이 아니라 우리가 모르는 머나먼 미래에서 왔을 것이라고 생각합니다. 시간을 거슬러 미래에서 현재로 여행을 온 타임머신이 UFO라는 것이지요. 물론 시간 여행은 오늘날의 과학 기술로 불가능하답니다. 하지만 과학자들은 인류의 과학 기술이 오늘날보다 훨씬 더 발전한다면 언젠가 시간 여행도 가능하다고 말합니다. 다만 과학적으로 과거로 되돌아가는 여행은 불가능하고 현재에서 미래로만 갈 수 있다고 해요. 시간의 비가역성 특징 때문입니다. 비가역성이란 앞으로만 가고 뒤로는 되돌아갈 수 없는 성질을 말해요. 만일 시간의 비가역성을 해결할 기술이 있다면 UFO는 정말 미래에서 현재로 날아온 타임머신일지도 모릅니다.

비가역성

변화를 일으킨 물질이 원래의 상태로 돌아오지 않는 성질을 가리킵니다. 시간 역시 미래를 향해 흐르므로 과거로는 되돌아갈 수 없는 성질을 지니지요.

영화 〈백 투 더 퓨처〉에 나온 타임머신.

외계인의 우주선

UFO는 외계인이 타고 온 우주선일까요? 그렇다고 생각하는 사람도 많고 아니라고 생각하는 사람도 많습니다. 하지만 이 질문에 대해서는 어느 누구도 확실히 대답할 수 없습니다. 인류가 우주나 외계인에 대해 가진 지식이 너무도 적기 때문입니다. 우리가 UFO에 대해 안다고 말하려면 UFO를 직접 관측하고 확인해야만 합니다.

과학자들은 만일 UFO가 정말로 외계에서 왔다면, 그들의 과학 기술은 우리보다 최소한 1,000년 이상 앞서 있다고 말합니다. 가까운 행성계라고 해도 지구까지 오기 위해서는 환산할 수 없을 정도의 아주 오랜 시간이 걸리는데, 이 시간을 단축할 수 있을 만큼의 과학 기술이 있어야만 지구까지 올 수 있을 테니까요. 물론 이런 생각은 외계인의 수명이 지구인의 수명과 비슷할 때의 가정입니다. 인류의 과학 기술이 계속 발전해 간다면, 언젠가 우리도 자유롭게 우주여행을 하게 될 것입니다.

TIP 요건 몰랐지?

침략자 외계인

과학 영화나 만화를 보면 외계인이 지구를 정복하기 위해 우주에서 나타나거나 인간을 공격하는 장면이 나옵니다. 또 외계인을 물리치고 지구를 구해 내는 영웅들이 등장하곤 해요. 이런 영화들은 결국 외계인에게 고통을 당하던 지구의 영웅이 그들을 물리치고 승리하는 것으로 끝이 납니다. 만일 UFO가 정말 외계에서 날아온 미확인비행물체라면, UFO에 탑승한 외계인이 실제로 지구를 공격하지는 않을까요?

아, 좀만
더 가면 지구를
침략할 수 있을 것
같은데, 안 된단
말야.

사실 이런 걱정은 하지 않아도 좋습니다. 만일 외계 생명체가 UFO를 만들어서 지구에 찾아올 정도로 높은 과학 기술을 가졌다면, 그들이 보기에 지구의 문명은 아주 미개한 수준일 것입니다. 따라서 외계인이 지구를 침략하거나 정복하려고 UFO를 타고 왔다면, 이미 지구는 외계인에게 점령당해 있을 거예요. 또한 인류학자의 연구 결과처럼, 어떤 생물체가 점점 높은 수준에 도달할수록 도덕이나 선(善)에 대한 지식도 함께 발달한다고 하니 우리는 외계인이 침략하리라는 걱정은 하지 않아도 됩니다.

불가사의한 그림

농작물이 쓰러져 있는 모양.

어느 날 들판 한가운데에 심어 둔 농작물이 쓰러져 있다면 어떤 생각이 들까요? 아마도 밤사이 바람이 심하게 불었거나 누군가가 들판에 들어와서 농작물에 피해를 주었다고 생각할 거예요. 그런데 이렇게 쓰러진 농작물이 높은 곳에서 바라보았을 때 독특한 모양이나 아름다운 문양을 이루고 있다면 정말 깜짝 놀라지 않을까요?

크롭 서클

크롭 서클(crop circle)은 논이나 밭의 곡물이 일정한 방향으로 눕혀져서 기하학적 모양이나 형태를 띠고 있는 것을 말합니다. 미스터리 서클이라고도 불리는 크롭 서클은 땅에서는 잘 알아볼 수 없지만, 공중에서 내려다보았을 때는 대단히 신비하고 독특한 모양을 이루고 있습니다. 농작물로 그려진 이 신기한 그림은 하루 이틀 만에 혹은 몇 시간 사이에 갑자기 생겨나며, 모양이 매우 정교하고 독특해서 마치 아름다운 예술 작품처럼 느껴지

다양한 형태의 크롭 서클.

기도 합니다.

그런데 이렇게 불가사의하고 신비한 크롭 서클을 자세히 살펴보면 몇 가지 공통점을 발견할 수 있습니다. 우선, 크롭 서클은 밤에만 만들어지며, 날씨나 지형, 자연 조건과는 상관없이 나타나고, 서클이 그려진 주변에는 아무 흔적이 남지 않는다는 공통점이 있습니다. 또한 크롭 서클은 세계 각국에서 나타나지만, 스톤헨지와 같은 고대의 유명한 석조물이 있는 지역에서

더 자주 나타납니다. 과연 이 크롭 서클은 누가 어떻게 만들어 냈을까요? 또 서클을 만든 이유는 무엇일까요?

크롭 서클의 신비

충청남도 보령시 천북면에서 발견된 크롭 서클.

사실 크롭 서클처럼 불가사의한 그림은 매우 오래전부터 있었습니다. 그래서 많은 사람은 이 크롭 서클이 외계인이 보내 온 메시지라고 여기거나, UFO의 흔적이라고 생각하기도 했습니다. 어떤 사람들은 직접 크롭 서클을 만들기도 했습니다. 우리 나라에서도 이런 사례가 있어요. 2008년 6월 3일 충청남도 보령시 천북면에서 크롭 서클이 발견되었습니다. 처음에는 이 서클을 외계인이 만들어 냈다 고 생각하여 사람들의 시선이 집중되었지만, 곧 유명 가수의 새 앨범을 홍보하기 위한 프로젝트였다는 사실이 밝혀졌습니다. 이처럼 우리에게 알려져 있는 크롭 서클 가운데 일부는 인위적으로 만들어 낸 것이기도 합니다.

구부러진 상태로 계속 자라는 크롭 서클 안의 농작물.

하지만 사람이 만든 크롭 서클과 그렇지 않은 크롭 서클을 함께 비교해 보면 몇 가지 차이가 있습니다. 먼저 사람들이 만든 것은 농작물의 휜 부분이 부러져서 더 자라지 못했지만, 크롭 서클의 농작물은 구부러진 상태로 계속 자랐습니다. 과학자들은 이러한 사실이 신기해서 크롭 서클의 농작물을 분석했습니다. 그 결과 만든 사람이 밝혀지지 않은 크롭 서클의 농작물은 무척 견고한 상태였습니다. 어떻게 들판 한가운데에 있는 농작물을 견고하게 만들 수 있을까요? 크롭 서클의 신비로움은 우리의 호기심을 더욱더 키우고 있습니다.

인간의 작품

크롭 서클은 그 문양이나 그림을 숭배하는 사람이 만들었다는 주장이 있습니다. 실제로 사람이 크롭 서클을 만드는 방법은 간단합니다. 먼저 한 사람이 밧줄 한쪽 끝을 잡고 중심점이 되면, 다른 한 사람이 반대쪽 밧줄을 잡고 중심이 되는 사람 주위를 빙글빙글 돌아서 두 사람 사이에 있는 농작물을 밧줄로 쓰러뜨리는 방법입니다. 이렇게 하면 농작물을 원 모양으로 넘어뜨릴 수 있습니다. 굉장히 복잡해 보이는 문양도 이 방법으로 어렵지 않

게 만들수 있기 때문에 크롭 서클을 사람들이 만들었다는 주장도 설득력이 있습니다.

예측할 수 없는 자연 현상

몇몇 연구가는 이 크롭 서클이 갑작스러운 토네이도나 둥근 형태의 번개 등 이상한 기상 현상으로 만들어졌다고 설명합니다. 1980년 영국의 한 기상학자는 크롭 서클이 영국 남부의 언덕에서 발생한 회오리바람의 영향이라고 주장하기도 했습니다. 하지만 사람들이 예측할 수 없는 자연 현상에 의해 크롭 서클이 만들어졌다는 주장은 설득력이 떨어집니다. 자연 현상이 어떻게 그만큼 정교한 크롭 서클을 만들어 내는지 그 과정을 증명할 수 없기 때문이에요.

만다라 모양의 크롭 서클.

외계인이 만든 작품

어떤 크롭 서클은 주변에서 UFO가 관측된 직후에 발견되었습니다. 과학자들은 그런 크롭 서클이 카오스이론과 관련이 있다고 생각합니다. 크롭 서클의 문양이 단순하지 않고 복잡한 가운데에서도 어떤 질서를 표현하고 있기 때문입니다. 따라서 이런 크롭 서클은 사람이 만들어 낸 것이 아니라 외계인의 작품이거나 흔적이라는 주장이 있습니다.

그 밖에도 크롭 서클은 마찰이나 소용돌이를 발생시키는 플라스마를 통해 만들어진다는 설과 땅의 에너지에 의해 발생한다는 설 등 다양한 가설이 있습니다.

카오스이론

무질서해 보이는 혼돈 상태에서도 어떤 일정한 법칙이 있다는 이론입니다. 이 이론은 무질서하고 예측할 수 없는 현상 속에 숨어 있는 질서를 밝혀내어 새로운 이해 방법을 제시하는 것이 목적입니다.

플라스마

플라스마는 전기를 잘 전달해 주는 전하를 띤 작은 입자들이 모인 집합체를 말합니다. 기체와 액체의 중간 상태에 있는 물질이지요.

버뮤다 삼각지대의 불가사의

'마의 삼각지대'로 잘 알려져 있는 버뮤다 삼각지대는 북대서양 서부 지역에 위치한 곳입니다. 예로부터 수많은 항공기와 선박 또는 그 안의 승무원이 흔적도 없이 사라진다는 전설로 유명하지요. 버뮤다 삼각지대는 단순한 전설이 아니라 실제로 수많은 실종 사건이 일어난 곳이며, 이 지역에 관한 만화, 소설, 영화 등이 제작되면서 더욱 유명해졌습니다. 그렇다면 버뮤다 삼각지대가 왜 불가사의한지 함께 살펴보아요.

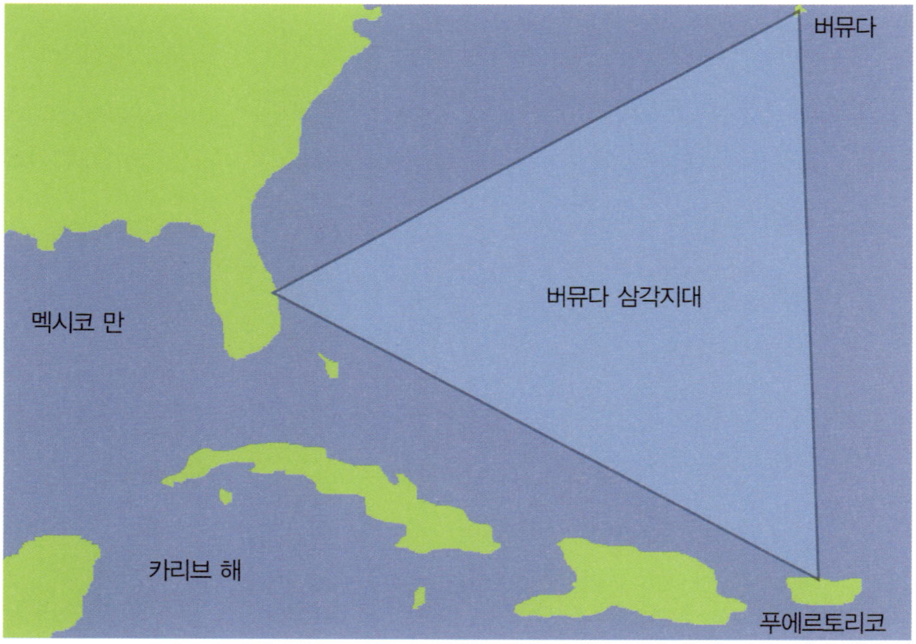

버뮤다 삼각지대.

버뮤다 삼각지의 위치

버뮤다 삼각지대는 미국 동남부의 플로리다 해협과 대서양에 있는 영국 영토 버뮤다 섬, 그리고 미국의 자치령인 섬나라 푸에르토리코를 삼각형으로 연결한 지역을 말합니다. 이 지대에서 일어난 실종 사고에 대해 어떤 사람들은 항해자의 실수나 기상 이변으로 인한 행방불명이라고 주장합니다. 하지만 과학적으로 증명할 수 없는 심령 현상이나 외계 생명체의 활동으로 인해 실종되었다고 주장하는 사람도 있습니다. 과학자들과 여러 분야의 전문가들은 이 지역에서 일어난 많은 실종 사건을 조사해 왔지만 아직도 진실은 드러나지 않았습니다.

불가사의한 현상들

버뮤다 삼각지대는 50척이 넘는 배와 수십 대의 비행기가 흔적도 없이 사라진 지역입니다. 이 지역에서는 때때로 나침반이 방향을 제대로 가리키지 못하거나 비행기의 엔진이 고장 난다고 해요. 또 난데없이 폭풍이 몰아치거나 사나운 파도가 일어나기도 하고, 평소에 잘 훈련되어 있던 키잡이나 조종사가 중대한 실수를 저지르기도 한답니다. 이렇듯 버뮤다 삼각지대에서는 원인을 알 수 없는 이상한 현상이 계속 나타난다고 하니 참으로 불가사의한 일입니다. 버뮤다 삼각지대에 대한 여러 가지 가설을 함께 알아볼까요?

기후 변화설

버뮤다 삼각지대에서 일어나는 불가사의한 현상에 대한 설명 가운데 과학적으로 믿을 수 있는 가설은 기후 변화설입니다. 몇몇 과학자에 따르면

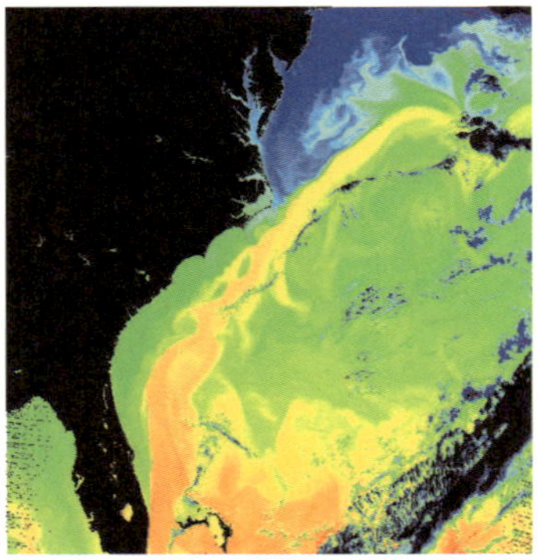
버뮤다 삼각지대의 해류.

버뮤다 삼각지대의 해류는 매우 불규칙합니다. 바다 밑의 불규칙한 해류는 갑자기 허리케인을 불러일으키거나, 바다 위의 기상 조건을 악화시키는 원인이 되며, 급격한 기후 변화를 일으켜 사고를 일으킵니다. 하지만 또 다른 학자들은 이 지역의 바다를 자세히 조사한 결과 특별한 해류의 이상은 보이지 않는다고 말하기도 해서 이 가설을 사실로 확정 짓지는 못하고 있습니다.

4차원의 입구설

버뮤다 삼각지대가 4차원으로 통하는 입구라고 굳게 믿는 사람도 있습니다. 우리가 살고 있는 3차원의 세계에서 4차원의 세계로 통하는 문이 바로 이 지대에 있다는 주장입니다. 그렇지 않고서야 난데없이 선박이나 비행기들이 흔적도 없이 사라질 수 없다는 것이지요. 이 주장은 아무도 확인할 수 없기 때문에 그저 가설로만 남아 있으며, 단지 과학 영화나 미스터리 소설의 주제로만 사용되고 있습니다.

아틀란티스의 사라진 문명설

어떤 심령학자는 버뮤다 삼각지대의 불가사의를 전설로 남아 있는 고대 문명인 아틀란티스와 관련하여 설명합니다. 전설에 의하면 아틀란티스는 한때 찬란하게 빛났던 문명이었으나 깊은 바닷속으로 몰락했다고 합니다. 이 가설을 주장한 심령학자는 몰락한 문명인 아틀란티스에 있었던 '불의

수정' 들이 여전히 깊은 바닷속에서 힘을 발휘하고 있으며, 이 불의 수정의 영향을 받아 배나 비행기 들이 갑자기 사라져 버린다고 주장했습니다. 이 주장은 신화나 전설처럼 들리지만 그만큼 버뮤다 삼각지대의 실종 사건이 불가사의하다는 뜻으로 받아들여지기도 합니다.

블랙홀설

버뮤다 삼각지대의 깊은 바닷속에 매우 강력한 중력을 가진 블랙홀이 있다고 생각하는 사람도 있습니다. 이 지역을 항해하는 배나 공중을 날아가는 비행기들이 순간 블랙홀에 휘말려 든다는 가설이에요. 4차원 입구설과 비슷하기도 한 이 주장은 과학적으로 증명할 수 없기에 믿기 어렵습니다.

메탄가스

색깔과 냄새가 없는 잘 타는 기체입니다. 물에 잘 녹지 않으며 공기 속에서 불을 붙이면 파란 불꽃을 내면서 탑니다. 그냥 메탄이라고도 불러요.

부력

기체나 액체 속에 있는 물체가 그 물체에 가해지는 압력 때문에 중력에 반발해 위로 뜨려는 힘입니다. 물체에 작용하는 부력이 중력보다 크면 뜨게 됩니다.

메탄 하이드레이트

메탄과 물이 바다 아래나 빙하 아래에서 높은 압력을 받아 얼음 형태로 형성된 연료를 말합니다.

메탄 거품설

호주에 있는 한 대학교의 연구진이 발표한 논문에 따르면 버뮤다 삼각지대에서 선박이나 항공기가 실종되는 원인은 메탄가스로 인한 자연 현상 때문이라고 합니다.

이 연구진은 버뮤다 삼각지대를 수중 음향기로 조사하던 중 메탄 하이드레이트 층을 발견했습니다. 버뮤다 삼각지대에는 엄청난 양의 메탄가스가 고압 상태에서 얼음 형태로 존재하며, 이 메탄가스가 해저의 갈라진 틈 사이에서 거품 형태로 발생해서 수면까지 올라온다고 합니다. 이러한 메탄 거품은 위로 올라오는 도중 계속 팽창하며, 수면에 이른 다음에도 공기 중으로 떠오르면서 팽창한다고 해요.

이때 떠오르는 거대한 메탄 거품 안으로 선박이 진입하면 갑자기 부력을 잃고 침몰하게 되며, 항공기는 메탄으로 인해 엔진에 불이 붙어 추락한다는 것입니다. 현재로서는 이 메탄 거품설이 과학적으로 가장 설득력 있는 가설입니다.

지구 자기장설

지구가 가지고 있는 자기장은 항상 일정하지 않고 20만 년에서 25만 년마다 자기장의 방향이 바뀝니다. 지구 자기장의 변화는 지금도 계속되고 있어서 어떤 학자들은 버뮤다 삼각지대가 바로 지구 자기장이 불안정한 지역이라고 주장합니다. 그 때문에 마치 지진이 일어나듯이 자기장이 순간적으로 불안정해져서 선박의 나침반에 이상이 생기고, 사고가 나게 된다는 가설입니다.

외계인의 지구인 납치설

우리가 알 수 없는 불가사의한 현상을 늘 외계 생명체의 탓으로 돌리는 사람도 있습니다. 버뮤다 삼각지대의 불가사의도 예외는 아니어서, 외계인이나 UFO가 선박이나 항공기를 납치해 갔다고 주장하는 사람들도 있습니다.

불가사의 부정설

불가사의한 현상을 잘 받아들이지 않는 사람들은 버뮤다 삼각지대의 불가사의를 믿지 않습니다. 이들은 버뮤다 삼각지대가 따로 있는 것이 아니라 그 지역을 왕래하는 선박이나 항공기의 수가 많아서 사고가 많이 일어날 뿐이라고 주장합니다. 버뮤다 삼각지대는 다른 지역에 비해 교통량이 많기 때문에 선박이나 항공기가 서로 부딪혀서 침몰하거나 추락하는 사고가 당연히 많을 수밖에 없다는 거예요. 버뮤다 삼각지대에서 일어나는 사고들은 사람들의 지나친 관심 때문에 확대된 가짜 불가사의일 수도 있다는 주장이 불가사의 부정설입니다.

Q&A 꼭 알고 넘어가자!

문제 1 크롭 서클은 인간이 만들었다는 주장이 있습니다. 어떤 방법으로 인간이 크롭 서클을 만들 수 있을까요?

문제 2 버뮤다 삼각지대에 대한 가설 가운데에 두 가지만 예를 들어 보세요.

정답

1. 먼저 한 사람이 밧줄 한쪽 끝을 잡고 중심점이 되면, 다른 한 사람이 반대쪽 밧줄을 잡고 중심이 되는 사람 주위를 빙글 돌아서 두 사람 사이에 있는 농작물을 밧줄로 쓰러뜨리는 것입니다. 이렇게 하면 농작물을 원 모양으로 넘어뜨릴 수 있습니다. 굉장히 복잡해 보이는 문양도 이런 방법을 통해 어렵지 않게 만들 수 있습니다.

관련 교과

중학교 2학년 4. 소화와 순환
중학교 3학년 1. 생식과 발생

4. 불가사의한 우리 몸

이 세계에 가장 신비한 불가사의는 사람이라는 사실을 알고 있나요? 태어나고, 자라고, 죽음에 이르는 현상까지 사람의 생명은 몹시 놀라운 신비입니다. 이제 사람의 몸이 가지고 있는 신비로운 불가사의에 대해 함께 알아보아요.

잠이 오는 이유

잠을 자지 않고도 살 수 있는 사람이 있을까요? 보통 우리들은 하루만 늦게 자도 다음 날 온몸에 힘이 없고 잠이 몰려옵니다. 정말 졸릴 때는 옆에서 아무리 잠들지 못하게 방해해도 결국 잠에 빠져들지요. 그런데 어떤 사람은 하루에 한 시간만 자도 멀쩡하고, 어떤 사람은 불면증에 걸린 탓에 거의 30년 동안이나 한숨도 잠을 이루지 못하기도 합니다. 이렇게 잠을 자지 않고도 살 수 있는 사람을 제외한 보통 사람은 반드시 잠을 자야만 정상적인

보통 사람은 잠을 자야 정상적인 생활을 할 수 있다.

생활을 할 수 있어요.

과학자들은 왜 사람은 적어도 하루에 한 번씩 비슷한 시간에 잠에 빠져들며, 또 그래야만 정상적인 생활을 할 수 있는지 연구해 왔습니다. 잠의 원인에 대한 가설은 다음과 같습니다. 잠은 본능이다, 체력을 회복하기 위한 생체 활동이다, 에너지 저하를 막기 위해서이다, 현실을 회피하여 편안해지기 위해서이다 등등 여러 가지 의견이 있어요. 그렇지만 사람이 잠을 자는 직접적인 원인은 여전히 과학적으로 완벽하게 설명되지 않은 채 불가사의로 남아 있습니다.

잠의 세계

과학자들은 잠에도 여러 종류가 있다는 것을 알게 되었어요. 잠의 종류는 크게 뇌는 휴식하고 있으나 몸은 깨어 있는 상태인 깊은 잠과 몸은 쉬고 있지만 뇌가 깨어 있는 상태인 얕은 잠으로 나눌 수 있습니다. 얕은 잠을 자고 있을 때에는 눈이 심하게 움직입니다. 그래서 이러한 잠을 렘수면이라고 해요. 렘(REM)은 '빠른 눈 운동(rapid eye movement)' 이라는 뜻의 약자입니다. 우리가 렘수면 상태일 때는 몸은 쉬고 있으나 뇌가 활발하게 활동하기 때문에 꿈을 꿉니다. 누군가 눈을 감고 자고 있는데, 감은 눈 속에서 안구가 움직이고 있다면 그 사람은 꿈을 꾸고 있는 것입니다.

이와 반대로 깊은 잠은 논렘(NREM, non-rapid eye movement)수면이라고 합니다. 렘수면이 아니라는 뜻이지요. 논렘수면에 빠지면 몸은 깨어 있지만 뇌는 쉬고 있는 상태가 됩니다. 논렘수면은 꿈을 꾸지 않는 잠이기 때문에 자고 논렘수면 후에 바로 일어나면 꿈을 꾸었을 때에 비해 훨씬 푹 잔 듯하게 느껴집니다. 어떤 사람은 잠에서 깨어난 뒤 꿈도 꾸지 않고 잘 잤다

고 말하지만 사실은 그렇지 않습니다. 렘수면과 논렘수면은 자는 동안 번갈아 가며 나타나기 때문에 실제로 꿈을 꾸지 않고 자는 것이 아니라 기억하지 못할 뿐입니다.

또한 우리가 잠을 규칙적으로 자는 이유는 몸 안에 체내시계가 만들어 내는 리듬이 있기 때문입니다. 이 리듬에 따라 규칙적으로 수면을 취하지 못하면 몸에 이상이 생깁니다. 이렇게 몸이 만들어 내는 리듬에 가장 큰 영향을 주는 것은 빛입니다. 따라서 체내시계의 리듬이 흐트러졌을 때 아침에 일어나서 강한 빛을 쪼이면 정상적인 리듬을 찾을 수 있습니다. 비행기를 타고 세계를 여행할 때 겪는 시차를 극복하기 위해 이런 방법이 쓰이기도 한답니다.

잠에서 깨어나는 이유

잠의 원인을 연구하던 과학자들은 왜 우리가 잠을 자는지 밝혀내지 못했지만, 어떻게 깰 수 있는지는 밝혀냈습니다. 아침에 잠에서 깰 때, 우리는 시끄러운 자명종 소리를 듣거나 엄마의 목소리를 듣고 일어납니다. 사람이 너무 졸릴 때는 아무리 밖에서 큰 소리로 불러도 듣지 못한 채 계속 잠을 자기도 합니다. 잠에서 깨어날 때 작동하는 부분은 다름 아닌 우리의 뇌입니다. 뇌는 사람의 몸이 가진 불가사의 가운데 가장 신비한 부위입니다. 뇌 속에는 뇌간 망양체라는 부분이 있는데 잠에서 깨어날 때는 바로 이 뇌간 망양체가 깨어나면서 정신을 차리게 된다고 합니다.

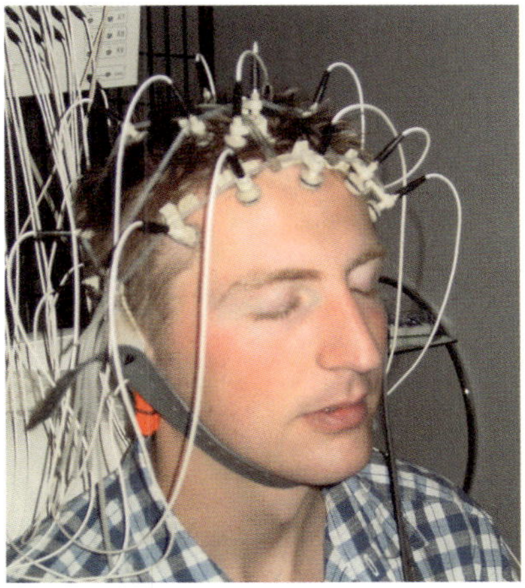
잠자는 사람의 뇌파를 측정하는 모습.

뇌간 망양체

뇌간 망양체는 뇌간에 있는 그물처럼 생긴 신경망으로서 망상계라고도 합니다. 수많은 신경이 무질서하게 회로를 만들어서 마치 그물처럼 보인다고 하여 망양체라는 이름이 붙었어요. 망양체는 감각과 관련된 각종 정보가 들어오는 통로 역할을 합니다.

원래 뇌는 몸의 감각신경에서 여러 신호를 직접 받은 후, 각 해당 부위에 명령을 전달하는 기능을 합니다. 하지만 잠에서 깰 때에는 시각, 청각, 촉각 등의 감각에 의한 신호의 일부가 이 뇌간 망양체를 자극하고, 뇌간 망양체에서 대뇌 전체로 연결된 시스템이 각성하면서 뇌에 활력을 주어 잠에서 깨어납니다.

만일 이 뇌간 망양체의 활동이 약해지면 사람의 의식 수준이 떨어지고, 잠에 들게 되며, 그 기능이 정지하면 바로 혼수상태에 빠집니다. 몸의 모든 부분이 정상이라 해도 뇌간 망양체에 문제가 생기면 건강한 생활을 할 수 없는 것이지요.

TIP 요건 몰랐지?

하루 종일 졸려요

하루 종일 잠이 깨지 않고 졸리기만 하다면 어떤 문제가 생긴 걸까요? 뇌간 망양체에 이상이 생겨 나타나는 병이 있습니다. 나르콜렙시(narcolepsy)입니다. 다른 말로 수면발작이지요. 이 병에 걸린 환자는 계속 졸음이 쏟아지기 때문에 종종 게으름뱅이로 오해받고는 합니다. 졸음이 쏟아질 뿐 아니라 갑자기 전신 근육의 힘이 빠져서 바닥에 쓰러져 발작을 일으키기도 해요. 이 발작은 뇌에서 몸으로 향하는 시스템의 이상 때문에 일어나는데, 단순히 낮에 계속 졸린다고 해서 이 병에 걸렸다고 할 수는 없겠지요? 다행히도 나르콜렙시는 치료할 수 있다고 합니다.

노화는 왜 일어날까요?

과학자들은 사람의 노화와 죽음에 관해서 끊임없이 연구하고 탐구하고 있습니다. 아주 오래전부터 늙지 않으며, 죽지 않는 것은 인간의 소망이었습니다. 그러나 아직까지도 늙음과 죽음의 문제를 풀지 못했으며, 알면 알수록 의문은 점점 더 많아지고 있습니다. 하지만 지금까지 연구된 여러 가지 가설과 결과를 통해서 늙음과 죽음의 문제는 아주 조금씩 그 진실이 밝혀지고 있습니다.

인간의 수명 연장

약 300년 전에 사람들의 평균수명은 몇 살이었을까요? 놀랍게도 약 39세

사람의 노화.

였다고 합니다. 우리나라에서도 예전에는 60년을 살면 오래 살았다고 생각해서 동네 사람들을 불러 큰 잔치를 열었습니다. 성별에 따라 다르기는 하지만, 요즘 우리나라 사람의 평균 연령은 80세를 넘어 점점 늘고 있습니다. 그렇다면 사람들이 오래 살게 된 까닭은 무엇일까요? 가장 큰 원인은 의학 기술의 발달입니다. 나날이 발전하는 의학 기술 덕에 머지않아 우리는 100세 생일을 당연하게 생각할지도 모릅니다. 과연 인간은 얼마나 오래 살 수 있을까요?

수명과 세포의 관계

우리 몸을 구성하고 있는 가장 작은 단위는 세포입니다. 생명이 탄생할 때도 하나의 작은 세포가 분열하면서 시작된답니다. 키가 크고 머리카락이 자라고 상처가 난 후에 아무는 것도 모두 세포가 분열하는 덕분입니다. 세포들이 끊임없이 계속 분열하고 생겨난다면 우리 몸은 아마 늙지 않을 거예요. 그런데 어느 정도 나이가 들면 키는 더 이상 자라지 않고, 머리카락도 금세 자라나지 않을 뿐 아니라 색도 하얗게 변합니다. 또한 피부는 탄력이 떨어져서 주름살이 생기고, 뼈도 약해져요. 이러한 변화를 관찰한 과학자들은 세포들이 어느 정도 분열하고 나면 그 이상은 분열하지 않는다고 추측했습니다. 그렇다면 사람이 노화하는 것은 세포분열에 시간 제한이 있거나 분열되는 횟수에 제한이 있어서 나타나는 현상일까요?

세포의 노화

생물학에서 가장 흥미를 끄는 수수께끼는 세포의 노화입니다. 1961년 미국의 해부학자인 레너드 헤이플릭은 세포의 노화에 관해 실험한 결과,

개별 세포가 약 50회 정도 분열한 후에 죽는다는 사실을 발견했습니다. 헤이플릭이 발견한 더 놀라운 사실은 어린 동물에게 채취한 세포는 늙은 동물에게서 얻은 세포보다 훨씬 더 많이 분열했고, 세포의 종류에 따라 분열하는 속도와 횟수가 다르다는 것입니다. 또한 어떤 세포든 분열하는 횟수는 어느 정도 제한되어 있다는 사실을 알게 되었습니다.

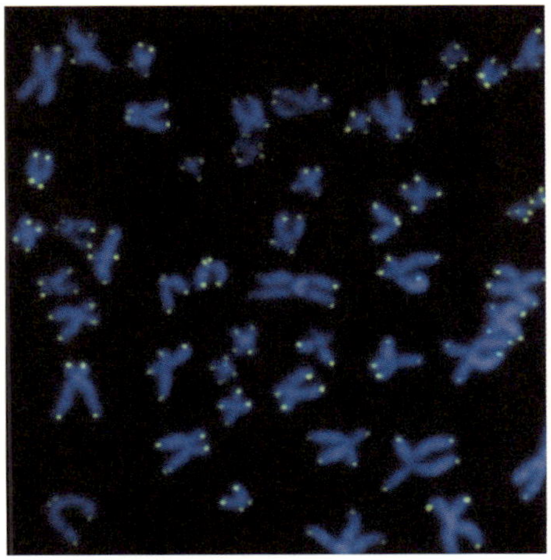
염색체 끝 부분에 텔로미어가 달려 있다.

세포의 수명을 결정짓는 세포 시계

과학자들은 레너드 헤이플릭이 발견한 세포분열의 횟수 제한에 관해 계속 연구했고, 그 원인을 찾기 위해 새로운 연구를 시작했습니다. 여러 가설을 세우고 연구가 진행되었는데, 그중에 가장 인정받는 가설은 텔로미어에 관한 설명이에요. 텔로미어는 세포 시계 역할을 담당하는 DNA의 조각으로서, 끝 부분이라는 뜻의 그리스어입니다. 염색체의 끝에 달려 있기 때문에 붙은 이름이지요.

세포는 분열할 때마다 다른 부분은 그대로 복제하지만 염색체의 말단에 있는 텔로미어를 완벽히 복제하지 못하고 약 50개에서 200개의 텔로미어를 잃어버립니다. 따라서 텔로미어의 길이가 짧을수록 그 세포는 늙었다는 뜻이며, 세포분열이 여러 번

DNA

생물의 유전정보를 가지고 있는 유전물질을 말합니다. DNA는 아데닌, 구아닌, 시토신, 티민의 4종의 염기를 함유하며, 그 배열 순서에 유전정보를 포함하고 있습니다.

염색체

염색체는 세포가 분열할 때 세포의 핵 안에 나타나는 막대모양 혹은 굵은 실타래 모양의 구조물입니다. 유전이나 성 등을 결정하는 유전물질을 담고 있어요.

진행되다가 텔로미어가 모두 잘려 나가면 세포분열은 멈추고 세포는 죽습니다.

죽지 않는 세포

텔로미어의 손실을 막을 수 있는 방법은 없을까요? 세포가 가진 한계로 인해 우리는 영원히 살 수 없을까요? 현재로서는 이 물음에 그렇다고 대답할 수밖에 없어요. 하지만 우리 몸에는 텔로미어가 결코 줄지 않는 세포도 있답니다. 그것은 바로 생식세포와 암세포입니다. 이 세포들은 텔로머라제라는 효소가 작용하여 텔로미어의 길이가 영원히 짧아지지 않습니다. 암세포와 생식세포는 결코 제한된 수명이 없는 불멸의 세포인지도 모릅니다. 세포의 노화에 관해 연구하다 보면 언젠가는 무서운 질병인 암도 쉽게 치료할 수 있을 거예요.

생식세포

생물의 생식을 위해 필요한 세포로서 정자와 난자를 만드는 세포를 가리킵니다.

남자와 여자의 차이

남자와 여자는 겉모습으로 쉽게 구별할 수 있습니다. 남자인지 여자인지에 따라 뇌의 발달도 다르게 진행된다는 사실이 밝혀졌어요. 무엇이 남자와 여자의 차이를 만들까요?

성염색체

성을 결정하는 염색체로 암수에 따라 형태가 다릅니다. 사람의 경우 여자는 X염색체 두 개를, 남자는 X염색체와 Y염색체를 하나씩 갖습니다.

인간의 염색체는 총 스물세 쌍이므로, 염색체의 개수는 46개입니다. 그중 하나가 Y염색체를 갖느냐 아니냐에 따라 남녀로 갈립니다. 마지막 한 쌍인 성염색체가 XY이면 남자가 되고, XX이면 여자가 되는 것입니다. 그렇다면 남자와 여자의 차이를 만드

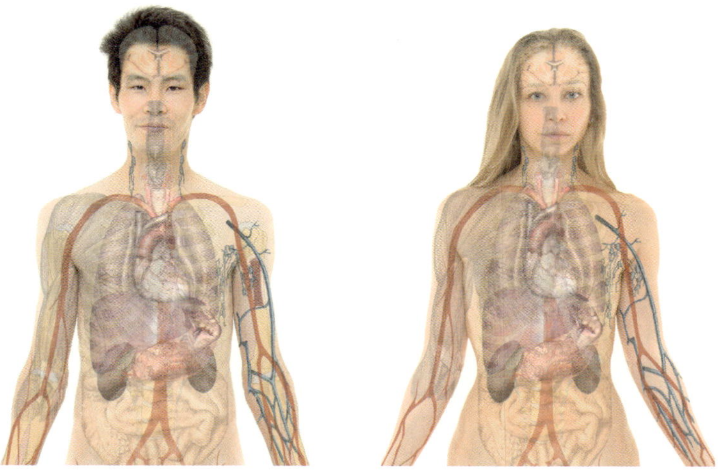

성염색체의 작용으로 남자와 여자는 겉모습으로도 쉽게 구별된다.

는 원인이 이렇게 밝혀졌는데, 어떤 이유로 남녀의 차이를 불가사의라고 말할까요?

유전자와 성의 신비

세상에는 남자인지 여자인지 구분하기 어려운 경우도 있습니다. XY염색체를 가지면 남자가 되어야 하는데, 어떤 사람은 남성호르몬이 전혀 아무 일을 하지 않기도 합니다. 이렇게 되면 신체적으로도 여성이 되어 버려요. 또한 XX염색체를 가진 여자인데도 우연히 X염색체에 아버지의 유전자가 실려 겉으로는 완전히 남자로 태어난 사람도 있습니다. 아주 특이한 경우여서 돌연변이라고 생각할 수도 있습니다.

하지만 인간이 아닌 다른 동물을 보면 남자와 여자를 구분하는 이러한 과정이 그리 철저하지 못하다는 것을 알 수 있어요. 양식장에서 기르는 물고기만 해도 성별을 쉽게 조작할 수 있다고 합니다. 갓 부화한 암컷 치어에게 수컷 호르몬을 투하해 몸의 구조를 수컷으로 바꾸는 것이지요. 성염색체는 XX인데 몸은 수컷이 되는 것입니다.

또 다른 수수께끼는 X와 Y염색체가 과연 어떤 역할을 하는지 잘 모른다는 점입니다. 모든 동물의 암수를 구별하기 위해서 염색체를 조사해 보면 상대적으로 X염색체 수가 많습니다. 생물에게 X염색체가 아주 중요한 역할을 한다는 뜻이지요. 그런데 남자는 여자보다 X염색체가 한 개 모자랄 뿐인데 어떻게 남녀의 몸 구조에 확연한 차이가 생길까요? 이것이 아직 불가사의로 남아 있습니다.

측두엽의 비밀

세상에는 정말 신기한 체험을 했다는 사람이 많습니다. 신을 직접 보았다는 사람들이 대표적인 예에요. 이들의 말은 믿을 수도, 믿지 않을 수도 있습니다. 그러나 어떤 과학자들은 만약 신을 보았다는 것이 거짓이 아니라면 어떻게 보게 되었을까를 두고 연구했습니다.

신에게 이르는 문, 갓 스팟

미국 캘리포니아 대학교에 있는 뇌인지연구소 교수들은 1997년부터 측두엽의 어느 특정한 부분에 관심을 기울이기 시작했습니다. 뇌인지연구소의 연구진들은 측두엽에 이상이 생긴 간질 환자들이 어떤 신비로운 체험을 한다는 것을 발견하고, 그 연구에 몰두했어요. 연구소의 환자들이 겪은 신비로운 체험은 신을 만나거나 보았다는 것, 하늘의 소리를 들었다는 것이었습니다. 연구 결과, 측두엽 어느 부분의 뉴런이 일시적으로 혼란스럽게 작용하면 신을 체험한다는 사실을 알게 되었어요. 그래서 이 부분을 '갓 스팟(God spot)'이라고 부르게 되었습니다. 그렇다면 만일 이곳에 자극을 주면 누구나 신을 만날 수 있을까요?

스웨덴의 한 연구팀에서도 측두엽을 자극하는 실험을 해 갓 스팟에 의문을 제기했어요. 실험해 보았더니 아무 결과가 나오지 않았기 때문이에요.

갓 스팟이 틀린 연구 결과인지 아닌지 아직 알 수는 없습니다. 뇌의 세계는 여전히 불가사의로 가득 차 있으니까요.

천재에 이르는 문, 서번트증후군

단 한 번 들은 곡을 곧바로 피아노로 연주할 수 있는 사람, 세 자리 수 곱셈을 계산기보다 빠르게 할 수 있는 사람, 달력의 어느 날이 무슨 요일인지 바로 알아차리는 사람, 전화번호부를 통째로 외우는 사람, 한 번 본 것을 절대 잊어버리지 않는 사람 등을 우리는 천재라고 부릅니다. 이런 특수한 능력을 가진 사람은 특히 기억에 관한 능력이 발달되어 있습니다. 하지만 대개는 자폐증 등 뇌 기능의 장애를 갖고 있으면서 동시에 일반인과는 다른 천재성을 보이는 경우가 많습니다. 과학자들은 위와 같은 사람들의 증상을 서번트증후군(savant syndrome)이라 하며, 이들을 서번트라고 부릅니다.

일반인도 서번트증후군을 가진 사람처럼 놀라운 기억력과 계산력을 가질 수는 없을까요? 현재 이에 대한 연구가 진행되고 있답니다. 그리고 해답은 뇌의 측두엽에 있습니다. 서번트증후군을 연구한 과학자들은 이 증후군을 가진 사람 대부분이 측두엽의 기능에 이상이 있다는 공통점을 찾아냈습니다.

어느 서번트의 그림. ⓒ http://www.pinglian.com/

과학자들은 모든 사람이 우뇌가 무한대로 발달해서 천재적 능력을 가질 수 있지만, 측두엽이 자물쇠를 채우고 우뇌의 활동을 제한하고 있다고 생

각합니다. 하지만 천재가 되기 위해 뇌의 어떤 부분을 일부러 망가뜨릴 수는 없습니다. 아직까지 우리는 뇌의 신비를 다 파악하지 못했기 때문입니다. 과학 기술이 더욱 발달하면 언젠가 우리 뇌의 불가사의를 풀 수 있겠지요?

Q&A 꼭 알고 넘어가자!

문제 1 세계를 여행할 때 시차를 극복하는 방법으로 아침에 일어나 강한 빛을 쪼이고는 합니다. 그 이유는 무엇인가요?

문제 2 몸의 세포와 노화는 어떤 관계가 있나요?

3. 뇌의 측두엽 때문입니다. 과학자들의 연구 결과에 의하면 서번트증후군을 앓는 사람 대부분이 측두엽의 기능에 이상이 있었습니다. 모든 사람이 우뇌가 무한대로 발달해서 천재적 능력을 지닐 수 있지만 측두엽이 자물쇠를 채우고 우뇌의 활동을 제한하고 있다고 합니다. 하지만 천재가 되기 위해 뇌의 어떤 부분을 일부러 망가뜨릴 수는 없겠지요.

문제 3 단 한 번 들은 곡을 곧바로 피아노로 연주하기, 전화번호부를 통째로 외우기 등 어떤 분야에 특별한 능력을 보이는 증상을 서번트증후군이라고 합니다. 이 증상은 왜 나타날까요?

정답

1. 몸 안에 체내시계가 만들어 내는 리듬이 있기 때문입니다. 이 리듬에 따라 규칙적으로 자지 못하면 몸에 이상이 생겨요. 우리 몸이 만들어 내는 리듬에 가장 큰 영향을 주는 것이 빛입니다. 따라서 체내시계의 흐름이 흐트러졌을 때, 아침에 일어나서 강한 빛을 쪼이면 정상적인 리듬을 찾을 수 있습니다.

2. 생명이 탄생할 때 작은 세포가 분열하면서 시작됩니다. 키가 크고, 머리카락이 자라고, 상처가 아무는 것도 모두 세포가 분열하는 덕분입니다. 그런데 어느 정도 나이가 들면 키는 더 이상 자라지 않고, 머리카락이 자라는 속도도 느려질 뿐 아니라 희어집니다. 이뿐 아니라 피부에 주름살이 생기고 뼈도 약해지지요. 이것은 세포가 일정 횟수 분열하고 나면 죽기 때문입니다.

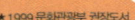